교과교재연구 및
지도법

김운삼 구서연 심성희 이길동 이은희 이치균 장석경 공저

양 성 원

머리말

유아교육은 사회 변화와 교육계의 변혁으로 교육과정 변천사에 한 획을 긋고 있다. 변화의 큰 축으로 이원화되어 있던 유치원 교육과정과 표준보육과정이 통합 과정을 거쳐 연령별 누리과정이 개발됨에 따라 유치원 어린이집의 통합 논의와 유 · 초 연계교육 문제까지 거론되고 있는 실정이다.

이 책은 교수매체 제작에 있어서 실제적인 면을 중심을 집필되었으며 다음과 같은 점에 중점을 두었다.

첫째, 표준보육과정과 누리과정을 중심으로 한 유아교육기관의 예비교사와 현장 교사들이 교육과정을 실행하는 방법 중에 교과교재 활동과 제작을 중심으로 엮어진 현장 연계 지도서이다. 교과교재의 정의 및 필요성을 다루고, 교육현장의 교과교재를 연령별, 흥미 영역별로 구분하여 교과교재에 대한 선택의 폭을 넓혔다. 교과교재 제작을 위한 주제별, 단위활동별 제작법을 담아 예비교사 및 현장 교사들의 아이디어를 재창출하고자 하였다.

둘째, 예비 유아교사들은 물론 현직에 있는 유아교사들이 자신감을 가지고 교재교구를 연구하고 개발하여 유아와 즐겁게 활동할 수 있도록 하기 위한 가이드라인을 제공하고자 하였다. 이를 위해 먼저, 교재교구가 왜 연구되어야 하는지, 교재교구를 연구하기 위해 무엇을 고려해야 하는지, 교재교구를 연구하여 어떻게 교육활동에 적용할 것인지에 대해 이론적인 근거를 제시하였다. 그리고 실제로 교재교구를 연구하고 개발하는 데 필요한 과정을 구체적으로 제시하였다.

셋째, 유아교육 전문가로서 유아교육의 질적인 변화와 유아교사의 전문성 향상을 위해 노력해야 할 부분이 많다고 여겨진다. 이에 변화된 교육과정과 사회 변혁에 발맞추기 위해 교과교재 연구 및 지도법을 집필하게 되었다. 유아교육에서 교과교재 연구 및 지도법은 분리되어 이루어지는 것이 아니라, 매일의 유아 생활에 서로 유기적으로 통합되어 이루어지는 것이다.

넷째, 유아들은 태어날 때부터 통합적이고 전체적인 특성을 가지고 있기 때문에 이들이 어떻게 여러 분야에서의 경험을 효과적으로 연결하여 그 속에서 의미를 축적해 가는지 탐색하며, 이를 도울 수 있는 최선의 방법이 무엇인지를 고민하고 밝히는 것이 유아 교과교재 연구 및 지도법의 핵심이다.

다섯째, 주제에 따라 그림의 교체가 가능한 교수매체 제작 방안의 제시이다. 학습목적이나 주제에 따라 교수매체 전체를 제작하기에는 시간 · 경제적인 손실이 크므로 기본 형태는 유지하면서 그림만 교체하여 활용할 수 있도록 하였다. 이 책을 통하여 예비 유아교사도 자기 자신이 세상에서 가장 소중한 존재이며, 몸과 마음이 건강하고 자신을 사랑할 수 있게 되기를 바란다.

이 책이 나올 수 있도록 모든 지원을 주신 강철원 사장님과 양성원 모든 관계자 분들께 감사드립니다.

2017년 2월

대표 저자

차 례

PART 01

이론편

PART 02

실제편

PART 01

이론편

Chapter 01

교수매체

1. 교수매체의 정의
2. 교수매체 활용의 필요성
3. 교수매체의 분류
4. 유아발달적 특성과 교수매체

1. 교수매체의 정의

매체의 사전적 의미는 '어떤 작용을 한쪽에서 다른 쪽으로 전달하는 물체 또는 그런 수단'이며, 교육매체란 'medium'의 복수형인 'media'를 변역한 것으로, 라틴어 'medius'에서 유래된 것으로 이는 영어로 '사이(between)'의 의미를 가지며, 정보의 원천과 수신자 사이에서 정보를 전달하는 수단이나 방식을 일컫는다. 따라서 교수매체란 교수-학습 과정에서 송신자인 교사와 수신자인 학습자 사이에 정보를 전달하여 상호간에 의사소통을 가능하게 하는 수간과 방법을 말한다. 전통적으로 교수매체는 교재나 자료 등의 구체적인 교수과 정의 매개체(하드웨어)를 의미하는 것이었으나, 오늘날에 와서는 테크놀로지의 확대와 더불어 교수-학습 과정에서 하드웨어들을 이용하는 방법 및 그것의 계획, 설계, 실행, 그리고 평가 기능까지를 포함하는 광범위한 개념으로 변화하게 되었다. 요컨대, 교수매체의 개념적 확대는 교수공학의 개념 변천 및 확대와 맥을 같이 하여 교수목표 달성을 위한 인적 · 물적 교수자원의 체제적인 활용을 의미하게 되었다(나일주 · 정인성, 1996).

교수매체란 용어는 학자들마다 그 용어를 조금씩 달리하고 있는데, 박중휘(2010)는 교수매체란 용어 대신 교육매체란 용어를 사용하고 있으며, 이에 대한 정의를 교육목표를 효과적으로 달성하기 위해 교수자와 학습자 사이 혹은 학습자와 학습자 사이에서 학습에 필요한 의사소통이 발생하도록 도와주는 다양한 형태의 매개수단이라고 하였다.

또한, 학습자료라는 용어를 여러 학자들이 사용하고 있는데, 그들은 이에 대하여 학생들에게 학습동기를 유발하고 학습내용을 이해시키며, 사고를 유발하는 등 학습 목표 도달에 도움이 되는 교구 및 구체물의 일체를 학습자료라고 하였다(박중휘, 2010).

교수매체의 개념을 협의의 개념과 광의의 개념으로 구분하는 경우, 협의의 개념에서는 학습을 하는 데 내용을 구체화하거나 보충하여 학습자가 명확히 이해할 수 있도록 도와주기 위하여 사용되는 모든 기계나 자료, 또한 시청각적 또는 언어적 정보를 전달하는 데 사용되는 시청각 교재, TV, 영사기, 라디오, VTR, 컴퓨터 등의 하드웨어와 필름, MP3, 컴퓨터 프로그램 등의 소프트웨어를 포함하여 개념화한다. 광의의 개념에서는 보조자료의 의미를 넘어서, 교수-학습 과정에서 교사와 학습자 사이에 교수목표 달성을 위해 사용되는 어떠한 수단도 다 교수매체가 될 수 있는 것으로 보아 인적자원, 학습내용, 학습환경, 시설, 시청각 기자재 등을 포함한 종합적이고 포괄적인 개념으로 매체를 활용하는 방법 내지 환경까지를 고려하여 정의한다.

2. 교수매체 활용의 필요성

수업에서 왜 교수매체를 활용해야 하며, 이런 교수매체를 사용할 때 어떤 이점들이 있는지에 대한 의문이 생길 것이다. 교수매체 활용의 필요성에 대해서는 다음의 이론들에 근거하여 설명될 수 있다.

브루너(Bruner)는 그의 교수 이론을 통해 학습자에게 제공되는 교수는 직접적인 경험에서부터 그림이나 필름 등과 같은 영상적으로 표현, 언어와 같은 상징적인 표현의 순서로 제시되어야 한다고 제안했다. 직접적 경험이나 영상적인 표현은 언어와 같은 상징물보다 더 의미가 정확하게 전달되고 이해하기 쉽다. 따라서 추상적인 개념을 제시할 때는 글이나 언어보다는 그래프나 그림과 같은 영상적인 방법을 사용하는 것이 더 이해를 촉진할 수 있게 된다.

브루너의 이론에 의하면, 학습자가 사용하는 자료의 순서는 과제를 숙달하는 데 직접적인 영향을 미친다. 즉, 직접적인 경험이 없는 학습자는 추상적인 개념을 이해하는 데 어려움을 겪게 되므로 충분한 직접적인 경험을 체험하는 것이 중요하다는 것이다.

교수매체는 이러한 구체적인 경험을 제공하는 데 중요한 역할을 할 수 있다. 언어는 가장 추상적인 형태이므로, 언어만 제공되었을 때에는 학습자는 이해에 어려움을 겪을 수 있다. 그러나 대부분의 교수매체는 도표나 그림, 실제 사물의 모습이나 움직임, 소리 등을 이용하여 보다 실제와 유사한 구체적인 경험을 제공하므로 학습자의 이해를 도와줄 수 있다. 또한 교수매체는 필요한 구체적인 경험을 제공할 뿐만 아니라, 학습자가 사전의 경험을 통합하는 데에도 도움을 줄 수 있다. 학습자들이 일반적인 개념을 이해하기 위해서는 주제와 관련된 다양한 경험들을 통합하여 추상적인 개념을 유의미하게 이해할 수 있어야 한다. 교수매체는 이러한 다양한 경험들을 구체적으로 제시해 줌으로써 사전 경험들을 통합하는 데 도움을 준다. 또한 교수매체는 학습자의 주의를 끄는 특성이 있다. 학습자들은 청각적인 자극보다 시각적인 자극에 더 민감하며, 시청각적 자극이 같이 주어질 때 학습적 효과가 더 높아진다. 따라서 시청각적 매체를 이용할 때 학습자들이 더 주의를 집중하는 경향이 있고, 학습효과도 더 높아진다. 예를 들면, 환경오염의 실태를 보여주는 OHP 자료나 슬라이드, 비디오를 보여주는 것이 학습자들의 주의와 흥미를 유도하는 데 훨씬 효과적이다.

더불어 언어나 문자 정보와 함께 시각적인 자극을 동시에 이용하여 정보를 다양한 유형으로 나타냄으로써 이해를 쉽사리 할 수 있는 풍부한 채널을 제공해 줄 수 있다. 학습자에 따라 언어로써는 이해할 수 없었던 것을 다른 형태로 이해할 수 있는 기회를 제공하게 됨으로써 다양성을 부여해 준다. 따라서 교수매체는 정보의 전달을 명료하게 해주고, 이해를 촉진시키며, 동기를 유발함으로써 교수의 질을 높여 주게 된다.

3. 교수매체의 분류

1) 교수매체의 기본 6가지 유형

교수-학습에 사용되는 매체를 살펴보면 텍스트, 오디오, 시각물, 동영상, 조작물, 사람 혹은 인적요인으로 6가지로 유형으로 나눈다.

텍스트는 자음과 모음, 숫자로서 책, 포스터 칠판, 컴퓨터 화면 등 어떤 형태로 구현될 수 있다. 학습에서 보편적으로 사용되는 또 다른 매체는 오디오이다. 오디오는 음성, 음악, 기계적 소리, 잡음 등 귀로 들을 수 있는 어떤 것도 포함된다. 시각물은 주로 학습을 촉진하기 위해 사용되는데 포스터에 제시된 다이어그램, 칠판의 그림 및 사진, 책에 제시된 그래픽, 만화 등을 들 수 있다. 동영상 매체는 비디오테이프, 애니메이션 등에 나타나는 것과 같은 동적 움직임을 보여주는 매체이다. 조작물은 3차원으로 학습자에 의해 조작되고 만질 수 있는 매체이며, 마지막으로 인적요인에는 교사, 학습자, 내용 전문가 등이 포함된다. 학습에 있어서 인적요인은 매우 중요하다. 즉, 학습자는 교사, 동료학습자 등으로부터 배우기 때문이다(설양한 외 7인, 2006).

2) 정보의 형태에 따른 분류

교육매체는 제공되는 정보의 형태에 따라 비투시자료, 시각매체, 청각매체, 시청각매체, 상호작용매체로 구분할 수 있다(변영계 외, 2000).

비투시자료란 모형이나 실물 등 자료를 제시할 때 다른 매체를 사용하지 않으며 광학이나 전기적인 투사방법을 사용하지 않는 특징을 가지고 있다. 시각매체란 광학이나 전기적인 투사방법을 사용하는 것으로, 자료의 제시는 주로 시각적인 방법에 의존한다. 슬라이드, 프로젝터, OHP와 같은 것이 그 예이다. 청각매체란 청각적인 정보를 전달하는 것으로 라디오, 녹음기, CD와 같은 것이 그 예가 된다. 시청각매체란 시각과 청각 정보를 동시에 활용하는 것으로 VTR, DVD, TV 등이 그 예이며, 이를 활용하기 위한 테이프와 필름과 같은 것도 포함된다. 상호작용매체란 주로 컴퓨터를 매개로 하며, 컴퓨터 보조수업, 멀티미디어, 쌍방향 TV와 같은 것이 해당된다. 상호작용매체는 학습자와 상호작용이 가능하다.

최근 사용되는 매체들은 컴퓨터를 중심으로 통합되어 가는 특징이 있다. 컴퓨터 기술을 이용하여 그림이나 필름을 통영상이나 애니메이션으로 재편집을 하여 교육매체로 활용하는 것이 그 예라 할 수 있다. 컴퓨터를 이용한 통합된 매체의 개발은 학습상황에서 학생 개개인에게 개별적인 피드백을 주어 적극적인 상호작용이 될 수 있으며, 학습 성과를 기록하여 자료를 저장할 수 있다는 장점이 있다. 위의 분류방법에 기초한 교육매체의 종류를 정리하면 다음 〈표 1-1〉과 같다(박중휘 · 이옥인, 2008).

〈표 1-1〉 정보의 형태에 따른 분류

구분	교수매체의 종류
비투시자료	모형, 실물, 칠판, 그림, 전시판, 시범
시각매체	슬라이드, 프로젝터, OHP
청각매체	라디오, 녹음기, 테이프, CD, MP3 등의 녹음 교재물
시청각매체	VTR, DVD, TV 테이프, 필름
상호작용매체	컴퓨터보조수업(CAI), 상호작용 비디오, 멀티미디어, 쌍방향 TV

3) 데이터의 속성에 따른 분류

교수매체는 전달하는 데이터의 성질에 따라 아날로그매체와 디지털매체로 구분할 수 있다. 일반적으로 컴퓨터가 개발되기 이전에 사용된 전통적인 매체들이 아날로그매체로 TV, 라디오, 슬라이드, 녹음기 등 전통적인 시청각매체들이 아날로그매체의 예가 될 수 있다. 디지털매체는 컴퓨터를 기반으로 하는 모든 매체를 말한다. 이러한 것에는 컴퓨터, 디지털 카메라, 디지털 비디오, 디지털 TV, DVD, 인터넷 등 최근에 주로 사용되는 뉴미디어들이 대부분 컴퓨터를 통해 자료의 저장과 제작이 이루어지므로 디지털매체에 속한다. 아날로그매체와 디지털매체를 분류하면 〈표 1-2〉와 같다(이옥인, 2009).

〈표 1-2〉 데이터의 속성에 따른 분류

구분	교수매체의 종류
아날로그매체	TV, 라디오, 슬라이드, 녹음기
디지털매체	컴퓨터, 디지털 카메라, 디지털 비디오, 디지털 TV, DVD, 인터넷

이러한 다양한 교수매체 중에서 수업에 적절한 매체를 선정하기 위해서는 다음과 같이 고려해야 할 점이 있다.

첫째, 학습자의 성공적인 목표달성을 위해서는 각 장애학생의 특성을 고려해야 한다. 많은 장애학생들에게는 추상적인 기호나 언어를 수단으로 하는 교수매체보다 구체적이고 감각적인 매체학습이 효과적일 수 있다.

둘째, 교수매체를 선정할 때에는 학습자에게 주어진 학습과제가 어떠한 것인지 고려해야 한다. 학습과제에 따른 매체선정을 위해서는 학습과제의 특성을 파악해야 하며, 학습을 위해 어떤 형태의 학습활동이 필요한지를 과제분석할 필요가 있다. 가네(Gagne)는 학습유형에 따라 다른 수업전략이 필요하다고 하였다. 예를 들어, 가네의 학습유형 중 지적 기능의 절차적 지식의 경우 시범, 직접교수, 수행에 따른 직접적인 피드백과 교정이 필요하다. 이 경우 교수매체는 상호작용을 필요로 한다. 반면, 언어정보의 유의미 학습의 경우 암송 위주의 학습이 이루어진다. 이때 매체는 반드시 상호작용을 할 필요는 없다.

셋째, 실제수업이 이루어질 환경에서 매체선정이 가능한 지 여부가 고려되어야 한다. 환경요소로 첫 번째로 고려해야 할 사항은 매체를 획득하는 방법이다. 수업에 필요한 매체를 선정하는 방법은 직접 개발하는 것, 기존의 개발되어 있는 것을 사용하는 것, 기본의 개발되어 있는 것을 수정하여 사용하는 것과 같은 방법이 있다. 두 번째 환경요소로 수업이 이루어질 환경의 시설과 장비가 갖추어졌는지 고려해아 한다. 세 번째 환경요소로 교사나 학습자가 매체활용에 관한 기술을 갖추고 있는지 고려해야 한다(박중휘, 이옥인, 2008).

4. 유아발달적 특성과 교수매체

교수매체를 활용하는 목적은 유아에게 가르치고자 하는 내용을 보다 인상적인 자료로 제시하여 효과적인 학습이 되도록 하는 데 있다. 이를 위해서는 시청각자료를 활용하거나 제작하기에 앞서 유아기의 교유한 발달적 특성에 대해 충분한 이해가 선행되어야 할 것이다. 제시된 자료가 아무리 훌륭한 제작 기법에 의해 만들어졌다 하더라도, 유아의 특성을 고려하지 못한 것일 때는 결코 바람직한 교수자료가 될 수 없다. 따라서 유아의 발달적인 제반 특성과 지각적인 성향을 살펴보고, 이를 교수매체에 효과적으로 적용하는 방법을 모색할 필요가 있다.

1) 유아의 발달적 특성에 따른 교수매체

유아를 대상으로 시청각자료를 활용하고자 하는 교사는 유아가 가지고 있는 독특한 발달적 특성을 고려하여야 한다. 이는 유아기가 감각기능 및 인지력 등의 제반 능력이 급속히 발달하는 시기인 만큼, 이러한 능력이 이미 일정한 발달 수준에 이른 성인의 경우와는 달리 자료내용의 지각이나 이해 면에서 많은 차이점을 보이기 때문이다. 유아를 대상으로 시청각자료를 활용하고자 할 때, 교사는 다음과 같은 점을 고려하여 효율적인 학습이 되도록 노력하여야 할 것이다.

첫째, 자료가 유아의 능력에 알맞는 내용과 형태로 제작되어야 한다.

둘째, 유아의 일상적인 경험에 부합되는 내용이어야 한다.

셋째, 간단하고 단순한 내용으로 제시한다.

넷째, 유아에게 시각적으로 매력적인 자료가 되도록 한다.

다섯째, 유아의 감각 기능이 다양하고 구체적으로 활용되도록 한다.

여섯째, 유아의 발달이 신체, 인지, 언어, 정서, 사회성 등 다방면에 걸쳐 조화롭게 이루어지도록 고려한다.

일곱째, 유아기는 모방을 통한 학습이 대단히 활발한 시기이므로 유아에게 제시하는 시청각자료가 남녀의 성 역할, 폭력성, 선악의 가치 체계, 직업관, 종교관 등 여러 측면에서 기존의 조정된 관념을 무비판적으로 반영하지 않도록 주의한다.

2) 유아기 지각 특성과 교수매체의 고안

시청각자료를 제작하는 교사는 내용을 구성하고 고안하는 데 있어 유아의 지각적인 능력과 주의력의 특성을 고려하여 가장 효과적인 방법을 찾아야 한다.

첫째, 전달하고자 하는 내용이 체계적으로 잘 조직되고 구조화되어 있어야 한다.

둘째, 우연적이고 부차적인 요소를 줄이고 중심되는 내용이 명확히 드러나도록 고안한다.

셋째, 생소-친근의 원리를 적절히 활용한다

넷째, 지각적인 암시를 활용한다.

다섯째, 중심내용이 일관된 성격을 보이도록 제작한다.

여섯째, 대상물이 처한 환경적 맥락을 고려한다.

일곱째, 학습된 내용이 장기 기억으로 저장될 수 있도록 확인 및 피드백 과정을 첨가하여 자료를 제작한다.

Chapter 02

교재 교구의 역사

1. 코메니우스(Comenius, 1592~1670)
2. 루소(Rousseau, 1712~1778)
3. 페스탈로치(Pestalozzi, 1746~1827)
4. 프로벨(Frobel, 1782~1852)
5. 몬테소리(Montessori, 1870~1952)

교육사를 살펴보면 16세기에 고전의 암기, 문법에 편중된 인문주위에 대한 반발로 실용을 중시하는 경향이 나타나기 시작하였다. 17세기에 들어서서는 특히 자연과학의 발달과 경험론의 영향으로, 사실과 자연과학을 중시하는 실학주의 사조가 자리잡게 됨으로써 교육에 있어서 감각을 중시하는, 즉 감각기관의 훈련을 통해 교육이 이루어져야 한다고 주장하는 사람들이 나타났다. 이들 중 대표적인 사람이 코메니우스라고 할 수 있다.

1. 코메니우스(Comenius, 1592~1670)(시청각교재 =『세계도회(1658)』)

체코슬로바키아 출신으로 17세기 최고의 교육자인 코메니우스는 당시로서 획기적인 새로운 교육방법을 주장하였다. 유아는 사물을 보거나, 만지거나, 소리를 듣거나 기타 감각기관을 활용함으로써 지식이 형성된다고 주장 직관적(直觀的) 이해를 촉진시키기 위해 문자만이 아니라 내용을 설명하는 그림을 넣은 세계 최초 그림책을 출간하였다.

2. 루소(Rousseau, 1712~1778)(루소는 에밀을 1758년 말경부터 쓰기 시작함)

프랑스의 철학자인 루소의 교육사상은 그의 저서 『에밀』에서 잘 나타나 있다. 루소에 의하면, 교육은 자연과 인간과 사물이라는 세 가지 교사에 의해 이루어진다고 하였다.

① **자연의 교육** : 신체의 기능이나 기관의 내부적 발달을 뜻한다.

② **인간의 교육** : 자연의 교육을 외부에서 조장하는 것을 의미한다.

③ **사물의 교육** : 우리들의 주변에 있으면서 우리들을 자극하고 여러 가지 경험을 주는 환경에 의한 교육을 의미한다.

유아는 문자 책을 읽을 수는 없어도 손, 눈, 귀, 혀, 코 등의 오감을 작용함으로써 자연의 책을 읽을 수 있다고 주장하며, 유아들의 감각훈련을 중요시하고 있다.

3. 페스탈로치(Pestalozzi, 1746~1827)(시청각교재(표본이나 그림)

스위스의 교육사상가이며 실천가였던 페스탈로치는 가정교육의 중요성을 역설하였다. 가정교육의 기본원칙을 요약하면, 교육은 생활의 장에서 경험에 비추어 추진하고, 언어로 가르칠 것이 아니라 사물을 가르쳐야 한다. 문자나 말에만 의존하지 않고 유아들에게 실제의 사물이나 현상을 관찰시키고, 그것이 불가능할 때는 표본이나 그림을 이용하여 직접적이고 실증적인 경험을 갖도록 해주어야 한다고 하였다.

페스탈로치의 교육사상은 모든 직관의 기초가 되는 『數』, 『形』, 『語』로서 매우 중시되어야 한다는 것이다. 그의 교육의 실전은 프뢰벨에게 영향을 주었다.

4. 프뢰벨(Frobel, 1782~1852)

독일의 교육자이며 유치원의 창시자인 프뢰벨은 유아교육에 있어서 놀이의 가치를 높이 평가하였다. 유아는 놀이라는 작업을 통해 자기 내적인 것을 표현하기 위해서 놀잇감이 필요하다고 보고, 10가지 은물(恩物)과 10가지 노작을 개발하였다.

은물(恩物)이란 뜻은 'Gift(英), Spielgabe(獨)'라는 단어를 보아서도 알 수 있듯이, '하나님께서 어린이들을 사랑하시어 주신 은혜로운 놀이 선물'이라는 뜻으로 1837년에 형이상학적 상징물을 바탕으로 고안 제작된 교구이다.

1) 형체(제 1-6은물)

원래는 털실이지만 지금은 천연고무로 된 지름 6cm의 공 6개, 끈 6개(색깔 : 빨강, 노랑, 파랑, 주황, 초록, 보라)로 구성되어 있다. 가장 기본적인 형태로 외부의 힘에 의해 여러 가지로 움직이는 공은 아이의 무한하고 천부적인 힘을 완전하게 발달시키는 데 가장 적합하며, 아이의 손에 꼭 잡을 수 있는 지름 6cm의 공을 선택한다.

공은 단순한 모양이면서 완전한 모양으로 어느 방향에서 보아도 같은 모양이고 아이가 태내에 있을 때 느끼는 엄마의 뱃속, 지구, 태양과 같은 모양이며, 정신적으로는 원만한 인격을 상징한다. 이러한 공을 쥐어 보고 손바닥 안에서 돌려 보거나 끈을 달고 흔들어 보면서 손, 발의 근육발달은 물론 공의 모양이나 성질을 익히게 된다.

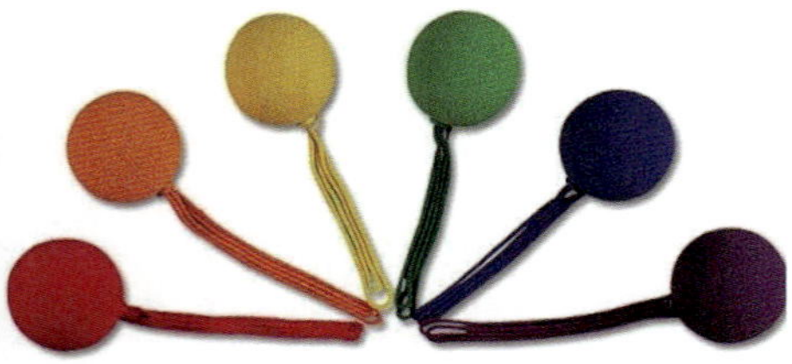

- **모양놀이** : 도형 만들기, 인형 만들기, 동물 만들기, 모빌 만들기, 꽃 만들기, 힘주어서 다른 모양으로 만들기 등
- **색깔놀이** : 요술주머니 놀이, 과일 따기 놀이, 삼원색 놀이
- **활동놀이** : 연결해서 기차 놀이, 막대에 끼워서 솜사탕 놀이), 모두 연결해서 줄넘기 놀이
- **악세사리 만들기 등**
- **수놀이** : 수세며 미끄럼 태우기, 볼링 놀이
- **방향놀이** : 엘리베이터 놀이, 은물상자 이용 방향 놀이, 보물찾기 놀이

2) 2은물 – 입체 도형

나무로 만든 지름 6cm의 구 1개, 한 변의 길이가 6cm인 정육면체 2개, 지름의 길이가 6cm인 원기둥 1개, 기둥 2개, 들보, 가는 막대, 고리로 구성되어 있다. 프뢰벨은 새로운 것을 가르치기 위해서는 이미 알고 있는 것과의 관계를 이해시키는 것이 중요하다고 생각하며, 1은물 공보다는 한층 완전한 형태인 무겁고 딱딱한 구를 소개했다.

2은물은 끊임없이 자유롭게 움직이려고 하는 구와, 확실히 서고 미끄러지기는 하나 굴릴 수는 없는 정육면체와 구처럼 구를 수도 있고 정육면체처럼 똑바로 설 수 있는 원기둥으로 구성하며, 아이들이 서로 비교해 보고 매번 새로운 사실을 발견함으로써 각각의 모양에 따른 특성을 이해하며, 응용력과 자발성이 길러진다.

- **모양놀이** : 회전체 놀이, 기중기, 텔레비젼, 빨랫줄, 목욕탕 놀이, 선물상자 놀이
- **색깔놀이** : 각 도형에 색종이를 붙여 회전 시 색의 변화 관찰
- **활동놀이** : 탁구 놀이, 하키 놀이, 시소 놀이
- **수놀이**(지혜놀이) : 전개도 만들기, 저울 놀이(무게 비교)
- **방향놀이** : 여러 방향에서 보이는 모양 관찰

3) 3은물 – 분할과 조합

한 변의 길이가 3cm인 정육면체 8개로 구성되어 있으며, 사물의 전체와 모양을 구별할 수 있게 된 아이는 사물이 지니는 내적인 성질을 알고 싶어하여 분할하려고 한다. 3은물은 손쉽게 분할했다가 손쉽게 맞출 수도 있고, 분해된 8개의 작은 정육면체의 다양한 구성으로 여러 가지 건축물을 만들면서 놀 수 있으므로 아이들의 욕구를 충분히 충족시켜 준다. 또 작은 정육면체의 수가 더해도, 덜해도 본래의 모양이 되지 않음을 알아 전체와 부분과의 관계를 인식할 수 있다.

- **모양놀이** : 동물 만들기, 자동차 만들기, 기차 만들기, 도장처럼 찍어 모양 꾸미기, 연속 건축 놀이
- **색깔놀이** : 색종이 이용하여 퍼즐 맞추기
- **활동놀이** : 튕기기 놀이(시소), 쌓기 놀이, 젓가락으로 쌓기, 알까기 놀이
- **수놀이** : 빈자리 놀이, 분수이해, 조망 수용 능력 키우기, 넓이 부피 구하기
- **방향(대칭)놀이** : 색종이 이용 대칭 놀이, 가로 세로 무늬 놀이

4) 은물 - 구성

직육면체 8개(3cm*6cm*1.5cm)로 구성되었으며, 정육면체의 자르는 방법을 달리하며 직육면체라는 새로운 모양을 접하게 한다. 개수와 전체를 결합한 모양은 3은물과 같아서 아이들이 이해하기 쉽다. 그러나 서로 다른 3가지 면과 모서리를 가진 정육면체이므로 같은 아파트를 만드더라도 쌓는 방법에 따라 여러 가지가 되고, 옆으로 늘어놓아도 여러 가지 모양이 나온다. 그래서 보다 다양한 공간의 변화를 시도해 볼 수 있다.

- **모양놀이** : 사진기 만들기, 창문 만들기, 액자 만들기, 핸드폰 만들기, 사람 꾸미기

- **색깔놀이** : 뱀 무늬 꾸미기(색종이), 도장처럼 찍어 모양 꾸미기
- **활동놀이** : 널뛰기 놀이, 탁구 놀이, 비석치기, 늘어나는 길, 천하장사 놀이(검지손가락 두 개로 4개 들어 올리기), 도미노 놀이
- **수놀이** : 수와 양 개념 익히기, 분수 알기, 부등호 놀이, 빈자리 알기
- **방향(대칭)놀이** : 중심무늬 놀이

5) 은물 - 건축

한 변의 길이가 3cm인 작은 정육면체 21개, 작은 정육면체를 대각선으로 한 번 자른 큰 삼각기둥 6개 작은 정육면체를 대각선으로 두 번 자른 작은 삼각기둥 12개로 구성되어 있고, 삼각기둥의 등장으로 건축놀이를 할 때 지붕을 얹을 수 있으며, 삼각형, 평행사변형, 사다리꼴, 오각형, 육각형 등 다양한 모양을 표현할 수 있다. 그래서 가로, 세로, 위, 아래가 모두 셋으로 나뉘어서 3의 배수를 기초로 한 홀수, 짝수를 접하므로 한층 더 발전된 수를 익힐 수 있게 된다.

- **모양놀이** : 물고기 만들기, 바닷속 꾸미기, 헬리콥터 만들기, 산 꾸미기, 공룡 만들기
- **색깔놀이** : 크리스마스 트리 만들기
- **활동놀이** : 5은물 빼기 놀이, 낚시 놀이, 테트리스 놀이, 움직이는 퍼즐
- **수놀이** : 삼각기둥 넓이와 부피 구하기, 삼각기둥의 전개도, 수세기, 더하기, 빼기
- **방향(대칭)놀이** : 가로 세로 무늬 놀이, 대각선 무늬 놀이, 색종이 대칭

6) 6은물 - 비례

직육면체 18개, 직육면체 3개를 세로로 반 자른 기둥 6개, 직육면체 6개를 가로로 반 자른 받침 12개로 구성되어 있고, 기본적으로 4은물을 발전시킨 것이며, 새롭게 등장한 기둥이나 받침은 모양은 간단하지만 이를 사용하여 건축하기란 결코 쉽지 않으므로 충분한 건축놀이를 해 본 어린이에게 적당하다. 그리고 여러 가지 크기의 면을 통해 실제에 가까운 건축물이 만들어지고 공간활용이 충분해진다.

- **모양놀이** : 화분과 꽃 꾸미기, 동물 만들기, 풍차 물레방아 만들기, 건축놀이, 숲속 꾸미기
- **색깔놀이** : 가로 세로 무늬, 중심 무늬
- **활동놀이** : 탑 쌓기, 도미노 놀이, 빈자리 놀이(목욕탕, 엘리베이터, 수영장)
- **수놀이** : 면 비교, 대칭 놀이, 같은 수 같은 그림 찾기, 숫자 한글 영어 표현하기

7) 7은물 - 면

7은물의 한 면에는 물결 무늬가 있어, 다양한 무늬 놀이를 할 수 있다. 7은물은 지금까지 경험한 입체의 면만을 따로 떼어 독립된 면을 다루었다. 면의 모양과 크기는 어린이들의 이해를 쉽게 하기 위하여 작은 정육면체의 한 면과 같은 크기인 3cm의 정사각형을 기본형으로 직각이등변삼각형, 정삼각형, 직각부등변삼각형, 둔각이등변삼각형, 원, 반원으로 구성되어 있고, 독립된 면을 다루는 것이므로 구체적인 입

체의 면으로부터 추상적인 면으로 발전하는 것이며, 더불어 8가지 색깔도 있고, 사용하는 수에 제한이 없이 때문에 훨씬 변화가 풍부하고 아름다운 모양놀이를 할 수 있다.

- **모양놀이** : 여러가지 모양 꾸미기, 과일야채, 과자가게 놀이
- **색깔놀이** : 도장 찍기(물감, 스템프 이용)
- **활동놀이** : 반대되는 사물 만들기-높은 아파트 : 낮은 아파트, 빠른 토끼 : 느린 거북이, 뚱뚱한 돼지 : 날씬한 기린, 패턴 놀이
- **수놀이** : 정육면체, 원기둥, 삼각기둥 전개도 만들기, 도형 만들기

8) 8은물 - 직선

3, 6, 9, 12, 15cm의 5가지 길이의 막대로 구성되어 있으며, 지금까지 선을 입체도형의 모서리나 평면도형의 변을 통해서 보았다면 그것과는 다르 독립된 선을 보여주기 위해 다섯 가지 길이의 막대로 구성하였다. 막대를 일정한 배수의 규칙에 의해 제시하면서 길고 짧음에 대해 알고 각각의 막대들이 갖고 있는 수리적인 관계를 이해할 수 있다. 두 개의 선이 만나거나 교차되면 각이 되고, 세 개 이상의 선으로 둘러싸면 면이 되는 성질을 이용하여 사물을 직선으로써 표현하거나 물체의 윤곽만을 나타낼 수도 있고, 아름다운 모양도 만들 수 있다.

- **모양놀이** : 한 가지 막대로 만드는 실물 모양 놀이, 모든 막대 이용 모양 놀이, 뗏목 만들기
- **색깔놀이** : 막대를 이용한 그림 그리기, 스크래치 그림 그리기
- **활동놀이** : 투호 놀이, 미로찾기, 막대 묶음 넘어지지 않게 하기, 막대 갈비 빼기 놀이,
- **사다리 타기, 탑쌓기**
- **수놀이** : 수의 가감, 수의 어림수 알기, 길이와 단위 알기, 10의 묶음수 알기
- **방향놀이** : 대칭 놀이, 반쪽 모양 보고 반대 모양 만들기

9) 9은물 - 곡선

직선을 익힌 아이에게 곡선을 경험하게 하기 위해 3가지 크기의 고리와 반고리로 구성되어 있으며, 곡선이라고 해서 완전 새로운 것이 아닌 1은물의 공, 2은물의 구와 원기둥에서 체험한 것이고, 곡선은 동적이고도 자유로운 선이므로 창의적인 사고를 유도하며 좀 더 복잡한 모양과 아름다운 무늬를 만들어 발전된 놀이를 할 수 있다. 또 완전한 고리만으로는 물체의 윤곽을 표현하기 어려워, 각각의 고리를 반으로 자른 반고리도 만들었다.

- **모양놀이** : 고리로 모양 꾸미기, 반고리로 모양 꾸미기, 얼굴 표정 꾸미기, 우리 가족 사진, 애벌레 만들기, 우주 꾸미기, 악세사리 만들기, 지점토 이용 모양 꾸미기
- **색깔놀이** : 철망 물감놀이, 색종이 잘라 고리 만들기
- **활동놀이** : 고리 끼우기, 다트 놀이, 비눗방울 만들기, 팽이 놀이
- **수놀이** : 동그라미 만들기, 컴퍼스 사용하기, 원의 넓이 부피 구하기, 호를 구하자
- 고리 이용하여 도형 만들기

10) 10은물 – 점

원기둥모양의 나무조각으로 선을 다시 분해한 물체의 최소단위인 점으로 모든 형태의 기본이다. 점은 어떠한 형체를 갖고 있지 않아 10은물에서는 작은 원기둥 조각을 점으로 구체화시켰으나 계절에 따라 팥, 콩, 옥수수, 돌멩이 등 적당히 선택할 수 있다. 두 점 사이를 점으로 연결하면 선이 되고, 선으로 둘러싸면 모양이 되며, 그 안을 점으로 채우면 면이 되고, 면이 모여 입체가 되므로 10은물은 지금까지의 은물을 총정리하고 마무리짓는 은물이다.

- **모양놀이** : 테두리가 있는 그림에 놓아 보기, 면에 이용한 그림, 점을 이용한 여러 가지 도형 만들기
- **색깔놀이** : 색 모래 그림 그리기, 점 도장 찍기, 색끼리 모으기
- **활동놀이** : 오목놀이, 점을 옮기기, 상자 속에 넣기
- **수놀이** : 막대그래프 만들기, 좌표를 그리기, 1, 10, 100, 1000자리 수 알기, 다트놀이로 연산 놀이

⊙ 은물 10가지 : 은물은 모두 기본 현태의 통일성에 일관성을 두고 있다.

구분	내용	목적
제 1 은물	6구(솜으로 만든 공을 털실로 싼 것)	객관세계 물체의 원형을 소개했다.
제 2 은물	3체(기본치수 6cm의 구, 원주, 입방체, 틀, 틀판)	
제 3 은물	적목(기본치수 3cm의 입방체)	입방체를 분해해서 여러 가지 입체를 경험하게 했다.
제 4 은물	적목(기본 치수는 3cm이고 6×1.5cm의 변을 갖는 직방체 8개)	
제 5 은물	적목(기본 치수는 3cm이고 입방체 21개 삼각주 6개, 1/2삼각주 12)	
제 6 은물	적목(기본 치수는 3cm이고 직방체 18개, 1/2입방체 12개, 1/2직방체 6개)	
제 7 은물	색판(기본 치수는 3cm이고 정사각형, 직각이등변 삼각형, 직각부등변삼각형, 정삼각형, 둔각이등변삼각형, 원, 대나무 제품)	입체의 면을 떼 내어 놀게 함으로써 여러 가지 평면과 선을 익히게 했다
제 8 은물	막대(3cm, 6cm, 9cm, 12cm, 15cm 각 300개 대나무 제품)	직선을 알게 했다.
제 9 은물	고리(온고리 3cm, 4.5cm, 6cm, 반고리 3cm, 4.5cm, 6cm, 각 100개 스테인리스 제품)	곡선을 알게 했다.
제 10 은물	알갱이(지름 10cm, 두께 5mm, 500개)	선을 분석한 형태, 점과 알갱이로 이끌어 간다.

※ 노작 10가지

- 제1작업 : 종이에 구멍을 뚫기
- 제2작업 : 바느질하기
- 제3작업 : 그림 그리기
- 제4작업 : 종이로 짜기
- 제5작업 : 종이접기
- 제6작업 : 종이 자르기와 붙이기
- 제7작업 : 구슬 꿰기
- 제8작업 : 두꺼운 종이로 만들기
- 제9작업 : 모래놀이
- 제10작업 : 찰흙놀이

5. 몬테소리(Montessori, 1870~1952)

이탈리아 출신의 위대한 교육자인 몬테소리는 유아교육에서 시청각 교재 교구 사용에 공헌한 바가 크다고 볼 수 있다. 몬테소리는 인간은 출생할 때부터 정신적 생명을 속에 간직하고 있으며, 이 생명은 자기발전의 힘을 가지고 있다고 하였다.

몬테소리는 교구를 준비된 환경의 중요한 구성요소로 보았다. 몬테소리는 어린이들에게 그것을 다루는 기술을 가르치거나 사용법을 가르쳐서 지식을 전달하는 데 목적이 있는 것이 아니라, 어린이 스스로 자아를 형성하고 정신의 발달을 돕는 내면적인 목적이 있다.

몬테소리는 어린 아이가 다른 사람의 도움 없이 연습할 수 있는 교구를 민감기에 맞춰 제공해 줄 때 가장 교육적 효과를 올릴 수 있을 것이라고 생각하고, 다양한 교구들을 다음과 같이 개발하였다.

1) 몬테소리 교구의 원리

유아들에게 기술을 가르치거나 지식을 전수하는 것이 아니라 아이들의 자아 형성이나 정신발달을 돕는 내적인 것에 목적을 하고 있다. 교구는 아이들의 주의를 끌고, 집중하도록 하는 자극을 제공함으로써 자아 형성 및 자아 발달에 도움을 준다.

(1) 오류의 정정

몬테소리 교구는 자동교육을 할 수 있도록 되어 있다. 스스로 색, 크기, 형태에 따라 분별할 수 있도록 제작되어 스스로 오류의 정정이 가능하여 독립적인 학습이 가능하다.

(2) 개념의 고립화

개념의 고립화원리는 모든 개념을 정립시키기에 훨씬 쉽고 과학적인 방법이기 때문에 하나의 특성만을 고립시켜 교구를 만든다. 예를 들면, 모든 색판이 같은 모양으로 이루어져 있고, 단지 차이점은 크기나 모양이 아닌 색으로 되어 있다.

(3) 심미성

몬테소리의 교구는 색깔, 크기, 형태 등의 다양한 교구들이 매력적으로 만들어져서 유아들의 흥미를 유발시킨다. 아이 스스로 흥미와 호기심을 느낄 수 있는 환경을 만들어주고 자연스럽게 참여하도록 이끄는 것이 가장 바람직한 방법이 되는 것이다.

(4) 개별성

몬테소리는 유아들이 제각기 다른 발달적인 수준에서 제각각의 독특한 성격을 가지고 있는 것을 알았다. 그러하여 교구들이 개인의 수준과 차이를 수용하는 교구로 제작되어 있다.

2) 몬테소리 교구

(1) 일상생활영역

몬테소리교육을 처음 받는 어린이에게 매우 중요한 영역은 일상생활영역으로 자기 자신과 환경을 가꾸는 법을 배운다. 이 영역을 통해 학습에 필요한 전반적인 자질을 기르게 되는데, 집중력이나 자립심, 질서감, 협동심 등을 배우게 된다. 일상생활영역에는 문을 열고 잠글 수 있는 열고 잠그기 교구와 컵의 크기에 따라 물을 직접 따라 볼 수 있는 따르기 교구가 있다.

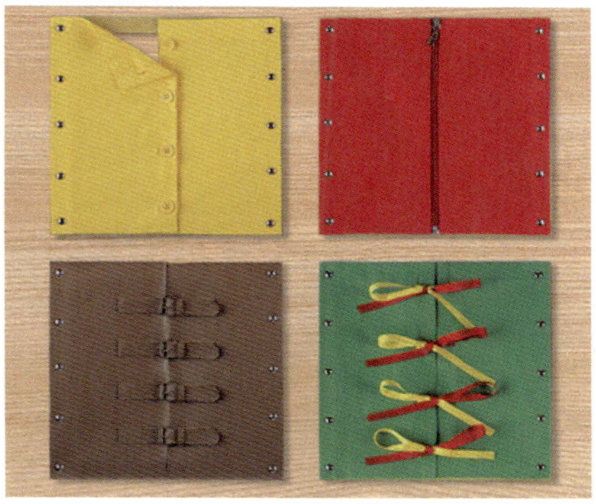

(2) 감각영역

유아기 때는 오감을 모두 사용하여 세상을 탐구하며 배워 가는데, 이때 중요한 영역으로는 감각영역이라고 할 수 있다. 이 영역에서 높이, 길이, 무게, 색깔, 소리, 냄새 등을 구별해 가는 것을 배움으로써 모든 감각을 습득해 내는 중요한 영역이다. 감각 영역에는 주머니 안에 있는 도형을 알아 맞춰 보는 비밀주머니 교구와 촉각에 따라 짝을 맞추어 볼 수 있는 촉각판 짝 맞추기 교구가 있다.

(3) 수영역

교육방법과 교구에 있어서 몬테소리 교육을 대표할 만큼 탁월한 영역인 수영역에서는 모든 교구를 통해 숫자와 양의 개념, 십진법체계, 연속 수 등 산수를 익히게 된다. 이 수영역에서는 숫자를 세어보고 나열해 볼 수 있는 작은 수막대 교구와 1/2, 1/3, 1/4 등의 분수를 알아 볼 수 있는 분수봉 교구가 있다.

(4) 언어영역

언어교육은 유아가 일상생활에서도 이루어질 수 있는 것으로 유아가 유치원에 들어간 순간부터 시작된다고도 볼 수 있다. 언어교구를 사용하여 일찍부터 자연스럽게 말하거나 듣고, 쓰고, 읽는 그리고 문장을 형성하는 규칙들을 배우게 된다. 언어영역에는 카드를 유리 아래에 넣고 유리 위에는 쌀을 깔아 놓고 글씨를 따라 써 볼 수 있는 쓰기 연습판 교구와 자음, 모음을 놓고 여러 가지 글자를 만들어 볼 수 있는 자음 모음 이동글자 교구가 있다.

(5) 문화영역

문화영역에는 3~6세 연령에 적합하도록 매우 다양한 교구들이 있다. 이 다양한 교구를 통해서 언제나 유아의 호기심과 욕구에 따라 적절히 표현하는 개념을 형성하고, 새로운 지식과 새로운 환경을 익히게 된다. 문화영역에는 우리나라에 대해서 알아 볼 수 있는 대한민국 지도 퍼즐 교구와 여러 나라를 직접 알아 볼 수 있는 모래 지구본 교구가 있다.

종류	내용	교구의 예
일상생활 훈련 교구	일상생활 양식을 전수받는 것이며, 자발적으로 연습하는 것이다.(근육운동, 전신운동, 소 근육운동 등)	① 곡식 따르기 ② 단추 끼우기 ③ 지퍼 올리기 ④ 리본 매기 ⑤ 벨트 매기
감각훈련 교구	정신발달과 질서를 유지하도록 도와준다. ① 잘못 다루었을 때 스스로 알 수 있게 고안 ② 한 번에 한 가지 속성만 다루도록 고안 ③ 적극적으로 참여하도록 하는 점 ④ 색, 모양 등이 어린이에게 매력이라는 접	① 분홍 탑 ② 갈색 계단 ③ 빨간 막대 ④ 꼭지 원기둥 ⑤ 색 원기둥 등
수학교육 교구	감각기관과 관련이 있다. 수 세기, 십진법, 사칙연산, 기하학 등을 이해하는 데 도움을 준다.	① 수 막대 ② 모래숫자 ③ 방추형 상자와 막대 ④ 숫자와 빨간 알 ⑤ 금색 구슬 등

언어교육 교구	모국어를 이해하고 표현하며, 언어구조를 이해하도록 한다. 교육내용(듣기, 말하기, 읽기, 쓰기)	① 철판도형 ② 자음, 모음 배열하기 ③ 모래글자판 ④ 단어 배열하기 ⑤ 무법상자
문화교육 교구	현실세계를 탐구할 수 있고, 자신을 둘러싼 우주와 동식물의 변천사를 이해할 수 있다.(지리, 역사, 생물, 과학교육)	① 지구본 ② 지구 퍼즐 ③ 땅과 물의 모형 ④ 나라와 국기 ⑤ 달력과 요일 소개 ⑥ 태양계 퍼즐

몬테소리 교구 활용

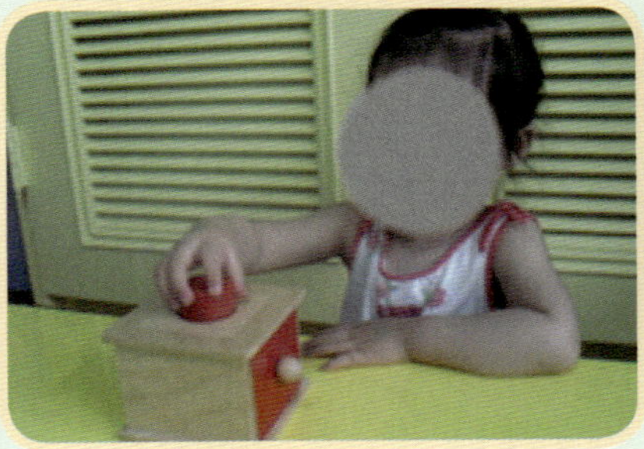

Chapter 03

교재 교구선정

1. 교재 교구의 선정
2. 유아의 교수-학습 과정과 교수매체의 활용
3. 교재 교구 활용 시 유의점
4. 교재 교구의 보관방법
5. 교재 교구의 평가

1. 교재 교구의 선정

질 높은 교재 교구를 선택하는 것은 영유아를 대상으로 하는 교육의 효과를 높이는 데 중요한 변인 중의 하나이다. 교재 교구의 선정기준은 다음과 같다(김정규, 이관자, 조정숙, 2002; 박찬옥, 정남미, 임경애, 2004).

(1) 안전성(Safety)

안전과 위생은 교재 교구 선정기준에서 가장 우선시되어야 할 기준이다. 유아는 호기심이 풍부하고 감각적으로 조작하는 것에 흥미를 보이는 존재이기 때문에 삼키거나 귀, 코 속에 들어가지 않을 크기의 것, 모서리가 날카롭지 않은 것, 독성이 없는 것, 조각이 지나치게 작지 않은 것, 부속 연결 부위가 매끈하게 처리된 것, 유아가 다루기에 안전한 크기와 무게를 가진 것 등 안전한 것을 선정한다.

(2) 내구성(Durabilty)

견고하게 제작된 것을 선정한다. 유아가 가지고 놀다가 쉽게 망가지거나 깨어지지 않는 것이 좋다. 교재 교구의 구성물이 단순한 것일수록 내구성이 좋은 편이다.

(3) 적합성(Adaptability)

유아의 연령과 발달수준에 알맞은 것, 교육목표와 학습 특성에 가장 적합한 것을 선정한다. 유아가 가지고 놀기에 적당한 크기와 무게이어야 하며, 반편견적인 가치관과 태도 - 신체적 특성이나 문화적 차이, 남녀의 성역할 개념, 빈부의 차이, 직업에 대한 편견 등 왜곡된 가치관을 조장하지 않는 것을 선정한다.

(4) 경제성(Accountabilty)

최소의 비용과 최소의 노력으로 최대의 교육적 효과를 볼 수 있는 교재 교구를 선정한다. 비용과 교육적 효과는 반드시 비례하는 것이 아니며, 다양한 교육적 기능을 고려한다.

(5) 교육성(Education)

적극적 참여와 구체적이고 직접적인 경험을 통해 적극적인 참여를 유발하고, 신체, 사회, 정서, 언어, 인지의 균형 있는 발달을 촉진하며, 주제에 대한 학습 능력과 흥미가 증가하고, 비판적 사고, 문제해결력, 응용력, 창의적인 사고를 도와주는 것을 선정한다.

(6) 매력성(Attraction)

유아가 가지고 놀고 싶은 마음을 가질 수 있게끔 교재 교구가 아름답고 정확하게 디자인되며, 호기심과 즐거움, 심미감을 줄 수 있는 것을 선정한다.

(7) 상호작용성(Interaction)

유아들은 소집단 활동을 통해 창의력과 문제해결력을 기를 수 있다. 따라서 또래 유아들 간에 상호작용이 자연스럽고 활발하게 이루어질 수 있는 교재 교구를 선정한다.

(8) 융통성(Flexibility)

교재 교구의 활동방법을 다양하게 변경할 수 있는 융통성과 창의성을 발휘할 수 있는 교재 교구를 선정한다.

(9) 통합성(Intergration)

이전 경험과 새로운 경험의 통합, 생활의 통합, 내용 영역 간의 통합(건강, 사회, 표현, 언어, 탐구), 흥미 영역 간의 통합, 지역사회와의 통합된 경험을 부여하는 교재 교구를 선정한다.

(10) 관리의 용이성(Facility of management)

깨끗하고 가벼우며, 이동이 용이하고, 공간을 적게 차지하는 등 유지, 관리, 보관이 용이한 것을 선정한다.

2. 유아의 교수-학습 과정과 교수매체의 활용

유아를 대상으로 교수매체를 활용하는 교사는 유아의 교수-학습 과정에 대한 전반적인 지식이 필요하다. 이는 교수매체의 활용이 유아를 지도하는 교수-학습 과정의 여러 측면에 대한 충분한 이해를 바탕으로 이루어지는 것이기 때문이다.

교수-학습 활동의 원리란 현장에서 전개되는 교사의 여러 가지 교육 활동을 지배하는 원칙적인 기준을 의미하며 유아의 학습 활동을 지도할 때 기준이 되고, 또한 그 지도를 바람직한 방향으로 이끌어 나가기 위한 교육방법의 기준이 된다.

1) 자발성의 원리(자기 활동의 원리, 흥미의 원리, 동기유발의 원리)

교사는 유아 스스로 배우고자 하는 의욕을 적극적으로 활용('동기부여')하여야 하며, 교재의 내용이 유아의 발달 단계나 능력에 맞고 관심과 흥미를 불러일으킬 수 있도록 구성된 학습자료를 준비하여야 한다.

예 유아의 현재 관심사 반영, 새롭고 신기한 요소로 호기심 유발

2) 직관의 원리(직접경험의 원리)

감각적 경험이나 직접 경험을 강조하는 것으로 유아교육기관의 유아 연령이 3, 4세 정도부터 6세까지로 특히 직관적 사고의 경향이 강한 시기인 만큼, 유아의 직접 경험에 호소하는 학습 지도가 매우 중요하다. ('교육이란 경험에 의한 성장이다.')

예 시청각교육 → 추상적인 개념이나 원리를 구체적, 감각적인 방법으로 제시

3) 개별화의 원리

교사는 유아 개개인을 '개별적인' 인격으로 인식하고 그들이 각자 지니고 있는 개인차 및 개성을 충분히 이해하고 존중하여야 한다.

예 똑같이 복사된 모양의 나뭇잎 색칠하기 활동 → 실외에서 각자 자신이 주운 나뭇잎을 가지고 들어와 윤곽을 그리고 색칠하기 활동, 소집단 또는 개인 활동의 기회 제공

4) 놀이 중심의 원리

유아의 놀이는 주변의 사물을 탐색하고 세계에 대한 이해를 넓혀 가는 가장 자연 발생적인 탐구 행위로 유아의 생활 그 자체이다. (프뢰벨–'놀이란 유아발달의 최고 위상')

예 출생 후 본능적으로 시도하는 빨기(혼자놀이), 성인의 등에 업히기(구경놀이)

유아 스스로가 놀이 활동을 구성하고 계획하는 데 적극적으로 참여할 수 있도록 하고, 교사는 이를 격려하고 안내하며 놀이 동무로서 함께 활동을 이끌어 가는 동반자의 역할을 해야 한다.

5) 탐구학습의 원리

유아는 스스로 탐색하고 자신의 감각을 통하여 사물이나 현상을 직접 경험하며, 이 같은 직접 경험들 속에서 스스로 발견하고 탐구하는 과정을 통해 학습이 이루어진다.

예 땅바닥에 기어가는 벌레 탐구 → 한 생물의 생태원리 학습

따라서, 유아의 교육 활동을 계획할 때에는 유아 자신이 능동적으로 학습에 참여하도록 구성하여야 한다.

6) 생활 중심의 원리

유아는 자신의 실제 생활환경 및 경험을 통하여 사물에 대한 지식과 태도, 다양한 기술을 학습한다. 유아의 일상생활이야말로 유아의 중요한 학습환경이므로, 유아교육 활동은 유아의 실제 생활에서 일어나는 흥미와 관심, 요구, 의문 등을 교육 활동의 소재로 삼아 유아의 실생활과 밀접한 관련 속에서 진행시켜 나가야 한다. 또한 유아의 생활과 직접 관련이 있는 지역사회 내의 여러 기관 및 직업들, 유치원 친구들과의 경험, 계절이나 날씨, 명절에 관련된 경험, 일상적 생활습관 등의 요소를 교육 활동에 도입하는 것도 중요하다.

예 지역사회 내 경찰서, 병원 등의 기관 견학, 화장실 사용을 통한 청결과 질서의 개념 학습

7) 통합의 원리

통합의 원리는 교육 활동에 있어 유아의 제반 발달적 측면들의 통합, 생활 영역별 활동들 간의 통합, 또한 유아교육기관과 지역사회와의 연계성 등을 강조한다. 즉, 교육내용들이 서로 연결되어 통합적으로 행해짐으로써 유아의 전인적인 발달(신체, 언어, 인지, 정서, 사회성의 발달)을 돕고 유아의 생활과 교육 경험이 일관성 있게 연결되도록 하는 것이다.

예 생활 영역별 활동들 간의 통합, 견학이나 자원 인사의 초청, 병원놀이/상점놀이 등의 역할놀이

3. 교재 교구 활용 시 유의점

제작한 교재 교구를 유아들에게 제시하는 과정은 교재를 선정하고 제하는 것만큼 중요하다. 왜냐하면 교사의 교재 교구 제시방법이 의도한 교육목표와 달성 여부와 깊은 관련이 있기 때문이다. 즉 유아들의 흥미를 이끌어 내고, 계속적으로 유지할 수

있는 방법으로 교재 교구를 제시하며, 교재를 사용하는 과정 중에 유아와 교재 교구 간에 바람직한 상호작용을 이끌어 낸다. 또한 교재 교구를 활용한 결과에 대하여 다양한 방법으로 피드백이 제공한다면, 교재 교구가 지니고 있는 교육적 의도보다 더 큰 교육적 효과를 기대할 수 있다.

교사는 유아들이 교재 교구를 자율적으로 선택하는지, 유아들 상호 간에 협력적으로 사용하는지, 관리와 보존의 필요성이 있는지는 반드시 살펴보아야 한다. 교사는 교재 교구의 활용을 항상 관찰하는 관찰자이고, 적절한 교재 교구의 제공시기를 알고 제공하는 제공자이며, 교재 교구 활용의 결과를 평가하는 평가자로서의 역할을 담당할 필요가 있다.

즉, 교사는 교재 교구의 특성과 대상 유아의 발달적 특성에 따라 순발력 있고 융통성 있는 역할을 수행할 필요가 있다. 데이(Day)가 제시한 교사의 역할은 다음과 같다.

- **관찰**(observatiom) : 유아의 교재 교구 선정과 활용 과정을 관찰하고 교재의 활용도와 배열 상태, 관리 상태를 점검하며 활용을 원활히 하기 위해 교재 교구를 재배치하고 활용방안을 모색한다.
- **조력**(support) : 유아가 교재 교구를 이동하고 사용하며 정리하는 데 도움을 준다.
- **참여**(participation) : 유아들과 함께 교재 교구를 활용하고 그 결과와 즐거움을 함께 나눈다.
- **시범**(demonstration) : 유아들에게 교재 교구의 활용방법을 시범 보이고 과제를 수행하는 과정과 태도를 보여 준다.

유아교육기관은 유아들의 작품, 개인 물건, 비품, 그 외의 여러 가지 실물들로 가득하다. 하지만 교재 교구가 너무 많아 무질서하다면 교육의 효과는 감소할 것이다.

유아들이 활동하는 공간은 흥미진진한 적절한 종류의 교재 교구로 채워져 있어서 유아들이 즐겁고 흥미롭게 놀이를 할 수 있도록 세심한 계획하에 구성되어야 한다.

유아교실의 교재 교구는 기능적으로 적절하고 동시에 심미적으로 전시 · 배열되고 유지되어야 한다. 교재 교구의 배열 시 고려해야 할 점에 대해 데커와 데커(Decker &

Decker, 1976)는 다음과 같이 제시하였다.

- 매일 사용하는 교재 교구는 항상 배열해 두어야 한다.
- 유아가 이동시키기 힘든 교재 교구는 낮은 책상이나 선반에 고정시켜 놓고 사용할 수 있도록 한다.
- 교재 교구장이나 선반을 충분한 공간을 가지고 있으며 다양한 형태여야 하고, 특별 용도로 활용될 수 있는 것이면 좋다.
- 교재 교구는 흥미영역별로 구분하여 배열한다.
- 교구장에 교재 교구를 놓는 자리를 표시함으로써 유아가 사용하고 정리하기 편리하도록 한다.
- 시청각 기자재나 과학 기기 중 파손되기 쉬운 교구는 이동하지 않고 안전한 장소에 배치해 두어야 한다.

교재 교구의 다양성이나 교재 교구의 질 못지않게 매우 중요한 요인은 유아들이 교재 교구를 얼마나 쉽게 꺼내어 활용할 수 있는가이다. 아무리 좋은 교재라도 한눈에 보이지 않는다면 유아들의 활동 빈도수가 낮아지게 되고, 무질서하게 늘어놓는 것 또는 유아의 활동과 교수활동을 방해하는 요인이 되기 때문에 배열할 때 주의를 기울일 필요가 있다. 교재 교구를 배치하는 데 있어 고려해야 할 점을 데이(Day)의 견해를 참고로 설명하면 다음과 같다.

- **개방된 선반** : 유아들이 사용할 교재 교구는 문 또는 서랍이 있는 장에 배치하지 않고, 유아들이 한눈에 보고 선택할 수 있도록 개방된 장에 배치해야 한다. 시각적으로 보이지 않거나 꺼내고 집어넣기 어려운 교재는 활용 빈도가 매우 낮다.
- **낮은 선반** : 유아의 눈높이에 알맞은 선반에 교재 교구를 배치하는 것은 유아가 스스로 꺼내거나 정리하는 것을 용이하게 하며, 교사의 불필요한 업무를 줄여 주기 때문에 효율적으로 시간을 활용할 수 있게 도와준다.
- **정돈된 배열** : 교재 교구를 기능적으로 활용할 수 있도록 하기 위해서는 각 교

재 교구가 차지하는 공간을 확보해 놓아야 한다. 또한 교재 교구를 수준별, 내용별, 활동 영역별로 체계적으로 배치하는 것은 유아가 교재 교구를 바람직하게 활용하고 정리정돈할 수 있게 유도하는 역할을 한다. 특히 유아가 사용하기 전의 교재 교구가 배열 상태는 사용 후 정리정돈의 모델이 된다.

- **교육목적의 반영** : 의도한 교육목적에 따라, 교육 프로그램에 따라, 교재 교구 자체가 지닌 기대되는 결과에 따라 배열 형태 및 공간적 배치를 달리해야 한다. 또한 다른 교재 교구와의 상호보완 관계를 고려하여 배치하도록 한다.
- **매력적인 공간** : 교재 교구를 배열하는 공간은 유아들이 교재 교구를 활용하고 싶어 하도록 깨끗하고 아름답게 구성되어야 하며, 창의적이고 독창적으로 구성하여 유아의 흥미를 유지하도록 한다.

4. 교재 교구의 보관방법

유아교육기관에서 교재 교구를 합리적으로 보관하는 일은 매우 중요하다. 왜냐하면 초등학교보다 교수-학습 활동에 교재 교구를 활용하는 양과 빈도수가 많으며, 유아에게 의미 있는 교육 활동을 제공해 주기 위해서는 언제, 어디서, 어떤 교재 교구가 필요하게 될지 예상하고 적재적소에 활용할 수 있는 융통성이 요구된다. 다시 말하면, 다양한 종류의 교재 교구들을 갖추고 있는 것도 중요하지만 즉시 꺼내어 활용할 수 있도록 체계적으로 보관 · 관리되어야 활용 가능성이 높다. 다음은 교재 교구 보관 시 고려해야 할 점이다(김정원, 김유정, 박현미, 2005).

- 교재 교구를 보관할 독립된 방(자료실)을 따로 마련한다. 햇빛이 많이 들지 않고 서늘하며 통풍이 잘 되는 곳에 마련하는 것이 좋으나, 조건이 여의치 않다면 교사실이나 복도의 구석을 활용하여 교재 교구를 주제별 유형별로 분리 보관할 수 있는 공간을 마련한다. 해충의 피해를 예방하기 위하여 방충제를 놓고, 장마철에는 습기로 인한 손상을 예방하기 위하여 방습제를 사용한다.

- 여러 형태의 교재 교구를 정리하여 보관할 수 있는 교재 교구장을 비치한다. 교재 교구가 손상되지 않고, 나중에 쉽게 찾고 꺼내어 사용하기 편리하게 보관하기 위해서는 다양한 형태로 구분된 교구장이 필요하다. 대개 목재장이나 조립식 앵글을 사용하는 편이다. 교재 교구를 세우거나 눕히거나 교재 교구 본연의 특성을 유지하면서 보관할 수 있는 공간적 여유가 충분하며, 상자나 바구니 등을 활용하여 교재 교구 각각의 구성물들을 분식하지 않도록 보관한다. 한눈에 볼 수 있고 쉽게 찾을 수 있도록 교재 교구장, 보관 바구니에는 분류 레이블과 분류 카드를 부착한다. 크기가 매우 큰 것은 비닐이나 천으로 싸서 먼지로부터 보호하고, 선반에 보관한다.
- 활용이 끝난 교재 교구는 손상되거나 분실한 조각들을 재정비하여 상자, 바구니, 지퍼락, 부직포나 천으로 만든 보관용 가방 등에 넣어 정리해 둔다. 교재 교구의 제작 및 활용 설명서를 함께 넣어 두어 다른 사람이 활용하기 편리하도록 배려하며, 여러 가지 보관용 상자, 바구니 등에는 유아교육기관 자체의 분류기준에 맞도록 분류 표시를 하고, 분류된 교재 교구장에 넣어 두고 분류카드에 내용을 기록해 둔다.
- 유아교육기관마다 편리한 분류기준(기호, 색깔 등)을 정하여 그에 따라 분류카드와 레이블을 활용한다.
- 현재 유아교육기관에 보관하고 있는 교재 교구 목록표를 기록해 두어 교재 교구를 확인하거나 다음의 교육계획을 세울 때 편리하게 활용한다.

5. 교재 교구의 평가

제작된 교재 교구는 실제로 유아들과 상호작용을 해 본 후 평가하고 수정 보안되어야 한다. 제작된 교재 교구는 평가 과정에서는 다음과 같은 점들이 고려되어야 한다(차춘희, 이수정, 오정옥, 손영환, 박희숙, 2003).

1) 교재 교구는 유아의 발달에 적합한가?

교재 교구를 제작할 때 여러 가지 면에서 고려하여 제작하였음에도 불구하고, 제작한 교재 교구를 직접 활용해 보면 유아의 발달에 맞지 않는 경우가 있다. 따라서 제작된 교재 교구를 유아의 발달적 적합성에 따라 평가를 실시하고 수정 · 보완한다.

- 실제 예 : 만 4세 유아를 대상으로 10 이하의 물체를 더하는 활동을 제작하였다. 교사의 제작 의도는 구체물을 세어 보면서 두 종류의 물체는 더하는 것이기 때문에 만 4세 유아들이 충분히 할 수 있을 것이라고 예상하였다. 그러나 실제로 제시되었을 때 유아들은 더한 수가 15 이상이 되었을 때 기계적인 수세기를 하지 못하여 힘들어 하였다. 이러한 경우, 유아들에게 20까지 기계적인 수세기를 익히거나, 더한 수가 10 이하의 답이 나오는 문제를 활용하여 수 활동을 제작하였다면 유아들이 교구의 제작 목적에 부합되게 활동할 수 있을 것이다.

2) 교재 교구는 유아의 흥미를 충분히 끌 수 있는가?

제작된 교재 교구와 유아 간의 상호작용이 이루어질 때 교재 교구가 유아들의 흥미를 지속적으로 유지시킬 수 있도록 매력적이어야 한다. 그렇지 않다면 유아들의 주의집중 시간이 짧아지고, 산만해지기 쉽기 때문에 상호작용이 계속 이루어지지 않는다. 결국 교재 교구를 제작할 때 의도했던 교육목적을 성취하지 못한다. 따라서 교재 교구를 제작하는 과정에서 유아들이 창의성을 발휘하여 활용방법을 다양하게 만들어 낼 수 있는지, 유아들에게 충분히 도전적인 과제인지, 유아들에게 흥미 있는 주제인지, 유아들에게 충분히 매력적이고 심미감의 발달을 도울 수 있는지를 평가해 보아야 한다.

3) 학습활동 이후 동일한 교재 교구를 가지고 다른 활동과 통합하여 확장할 수 있는가?

교재 교구를 활용하여 수업을 진행한 후 동일한 교재 교구를 다른 활동과 통합한 활동이 활용 가능하다면, 추후 교수–학습 활동이 가능하게 되어 교재 교구가 보다 효율적으로 상용될 것이다.

- 실제 예 : 교사가 동화시간에 미운 오리새끼 이야기를 들려주기 위하여 호수 배경 그림이 있는 융판에 부직포를 이용하여 손가락 인형을 만들어 등장인물을 붙일 수 있도록 교구를 제작하였다. 교사는 융판에 등장인물들을 붙여 가면서 동화를 들려줄 수 있었으며, 이 활동 후에 자유선택 활동 시간에 언어 영역의 이야기 꾸미기 코너에 교구를 제시해 두었다. 이를 통하여 유아들이 이 교구를 이용하여 스스로 이야기를 꾸며서 말하는 추후 확장 활동이 가능하게 되었다.

Chapter 04

교재 교구의 제작 및 배치

1. 교재 교구의 제작
2. 교재 교구의 배치

1. 교재 교구의 제작

1) 제작

유아교육기관에서 유아교사가 교재 교구를 제작하기 위해서는 사전에 철저한 계획과 충분한 검토, 적절한 제작 절차가 요구된다. 다음은 교사가 교재 교구를 제작할 때 고려해야 할 점이다.

첫째, 영유아의 발달수준에 적합해야 한다.

교재 교구를 영유아의 발달수준에 맞아야 한다. 영유아의 발달에 비추어 너무 쉽거나 어려우면 유아의 도전의식을 자극하지 못하므로 유아가 선택하지 않는다.

따라서 어느 정도의 노력에 의해 성공감을 맛볼 수 있는 수준으로 고려한다.

둘째, 영유아의 흥미에 맞는 제시방법과 활용방법을 고안한다.

교재 교구가 발달수준에 적합하더라도 영유아가 흥미를 가질 수 없다면 교재 교구로서의 역할을 제대로 하지 못하는 것이다. 영유아들이 흥미 있어 하고 쉽게 다가갈 수 있도록 제시방법과 활용방법을 미리 고안해 놓는다.

셋째, 유아가 조작하기에 적당한 크기로 제작하여야 한다.

교재 교구는 영유아가 다루기에 적당한 크기여야 한다. 영유아는 아직 근육조정능력이 완전하지 않기 때문에 유아들이 쉽게 잡을 수 있는 크기가 적당하고, 너무 큰 교재는 분리가 가능하거나 접을 수 있도록 제작한다. 또한 평면자료는 너무 납작하지 않은 것이 좋다.

넷째, 견고하게 제작한다.

직접 제작하는 교재 교구는 상품화된 교재보다 견고성이 떨어지기 때문에 여러 유아가 오랫동안 조작하여도 망가지지 않도록 주의를 기울여 제작해야 한다. 이음새나 부속물이 떨어지지 않도록 단단히 부착하여 파손되지 않도록 교재를 만드는 비용과 시간을 절약하도록 한다.

다섯째, 안전하게 제작한다.

영유아가 손으로 만지거나 입에 넣었을 때도 독성이 없는 재질로 만들어야 하며, 아크릴을 사용하거나 코팅을 할 경우에 모서리를 공굴려서 날카롭지 않게 마무리 작업을 할 필요가 있다.

여섯째, 여러 가지 소재를 사용하고 다양한 방법으로 제작한다.

동일한 소재, 또는 흔한 소재를 사용하여 제작할 경우 영유아가 지루해지기 쉽다. 참신한 재료와 다양한 고재를 사용하고 제작방법에 변화를 줌으로써 영유아들의 흥미와 호기심을 자극한다.

일곱째, 매력적으로 제작한다.

색상, 모양, 크기, 질감 등 미적인 측면에 주의를 기울여 제작하여 영유아의 흥미를 끌 수 있도록 한다.

여덟째, 우리 문화에 맞도록 제작한다.

교재 교구가 매력적이더라도 우리 문화와 동떨어진 내용이라면 적절하지 못하다. 우리의 문화를 고려하여 교재를 제작하도록 한다.

아홉째, 보관하기에 용이해야 한다.

교재 교구는 사용하고 난 후에 보관이 용이해야 한다. 교재 교구를 입체적으로 만든다고 해도 조립식으로 만들고, 부속품들을 잃어버리지 않도록 보관함을 만든다. 교구장에 들어갈 수 있는 높이와 넓이로 만들고, 꼭 크게 만들어야 할 경우에는 접었다 폈다 할 수 있게 만든다.

2) 교재 교구의 제작 절차

(1) 제작계획

교재 교구를 제작할 때에는 사전점검과 철저한 계획으로 최소한의 비용과 노력으로 최대의 효과를 거둘 수 있도록 해야 한다. 그러기 위해서는 분명한 목적이 있어야 하며, 교재 교구의 제작계획서를 작성하여 필요한 재료와 제작방법을 상세히 기록해 놓으면 이후의 다른 교사가 보고 활용하는 데 유용한 자료가 된다.

(2) 제작 과정

교재 교구 제작에 대한 계획을 어떻게 해야 하는가는 무척 중요하다. 만약 미흡한 사전 계획으로 교재 교구를 제작한다면, 교사의 인력 낭비이며 재료 낭비일 것이다. 교재 교구 제작을 계획할 때 고려할 사항을 살펴보면 다음과 같다.

첫째, 먼저 기존에 있는 필요한 교재 교구를 찾아본다.

월간 교육계획안, 주간 교육계획안에 입각하여 진행되어질 주제에 따라 필요한 교재 교구들이 있는지 점검해보는 것이 우선적으로 이루어져야 한다.

둘째, 교재 교구 목록을 통해 보유 여부를 확인한다.

기존의 교구들이 연령에는 맞는지, 수정 보완을 해야 하는지, 새로 만들어져야 하는지, 각 영역별 활동별로 교재 교구가 제대로 배치되어 있는지, 자료가 매력적인지를 꼼꼼히 살펴보고 보수와 개작을 결정한다.

셋째, 구체적인 제작계획을 세운다.

심사숙고하여 우선적으로 제작해야 할 순서와 제작할 사람을 결정하여, 최대의 교육효과를 높일 수 있는 방법을 고려하여 계획을 세운다.

넷째, 실제 제작에 착수한다.

어떠한 재질의 재료와 방법을 활용하는 것이 효과적인지 생각해보고, 적절한 재료를 사용하도록 한다.

다섯째, 실제 활용을 해봄으로써 보완점을 찾고 수정작업 후 완성한다.

제작된 교재 교구는 실제 모의수업을 통해 활용해보고 문제점을 파악하여 보완한 후 완성한다.

2. 교재 교구의 배치

1) 교재 교구 배치 시 유의점

같은 교재 교구라도 배치하는 방법에 따라 유아들의 반응은 다르게 나타난다. 즉, 유아들의 눈높이에서 어떤 교재 교구가 배치되어 있는지 한눈에 볼 수 있어야 하며, 흥미 영역별로 배치하여 유아들이 자신의 흥미와 요구에 따라 다양한 활동에 골고루 참여할 수 있도록 한다. 교재 교구의 배치 형태는 유아들의 활동 형태와 지속시간에 영향을 주어 유아들의 흥미를 유지시킨다.

교재 교구는 유아의 흥미와 관심, 요구, 주제, 교육내용, 견학, 행사, 계절에 따라 변화를 주어 배치한다. 하지만 많은 자료들은 한꺼번에 내어 놓거나 배치를 자주 바꾸는 등의 너무 많은 변화는 유아들에게 불안감을 형성하기 때문에 주의를 요한다. 교재 교구의 배치 시 유위할 점은 다음과 같다(김정규 외, 2002; Decker & Decker, 1976; 이대균, 송정원, 2002에서 재인용).

① 교육목적을 반영하여 조화롭고 정돈된 배열과 배치를 한다.

② 연관성이 있는 교재 교구는 인접 배치하여 통합된 활동 또는 상호보완적인 활동이 되도록 한다.

③ 유아의 시야에 쉽게 들어와야 하며, 활용하기 쉬워서 활동 의욕을 불러일으킬 수 있도록 배치한다.

④ 용도에 맞는 다양한 형태의 교구장을 준비하고, 정리하기 쉽도록 교구의 영역별 제자리를 표시한다.

⑤ 작은 구성물이 있는 자료는 바구니를 활용하여 분실하지 않으며, 정리하기 쉽도록 한다.

⑥ 친숙한 것의 편안함과 새로운 것의 신기함, 도전의식을 균형 있게 경험할 수 잇도록 배치한다. 특히 학기가 진행됨에 따라 유아에게 익숙한 것에서부터 낯선 것으로, 구체적인 실물에서 추상적인 것, 개인용 자료에서 집단으로 이용할 수

있는 자료를 배치한다.

⑦ 색과 재질의 조화를 고려해서 배치한다. 즉, 원색과 중간색, 밝은 색과 어두운 색, 부드러움과 딱딱함, 매끈함과 거침, 따뜻함과 차가움 등 다양한 색과 재질을 균형 있게 경험해 봄으로써 감각의 발달을 도울 수 있도록 배치한다.

⑧ 교재 교구의 이동성과 고정성을 고려하여 배치하고, 이동하기 어려운 것은 교구장에 고정하고, 파손되기 쉬운 것은 안전한 장소에 배치한다.

⑨ 구조성이 높은 것–낮은 것, 쉬움–어려움, 단순함–복잡함, 동적활동–정적활동, 대근육 활동–소근육 활동, 실내 활동–실외 활동, 유아 주도– 교사 주도 활동, 혼자 –여럿이 하는 교재 교구 간의 여러 가지 유형의 상호작용이 균형 있게 이루어질 수 있도록 배치한다.

⑩ 교실 내 유아의 수, 연령, 활동공간, 활동목적, 교수방법 등을 고려하여 교재 교구의 양과 종류를 정하여 배치한다. 자료가 부족하거나, 활동공간이 비좁을 때 유아의 공격적인 행동이 일어나기 쉬우며, 싸움이 발생할 수 있는 교재 교구는 학급의 상황에 따라 가감한다.

2) 흥미영역별 교재 교구의 배치

실내외 흥미(활동)영역에 기본적으로 배치되는 교재 교구는 다음과 같다. 교사는 이를 기본적으로 비치하되 유아들의 관심과 요구, 필요, 교육 주제에 따라 새로운 자료를 첨가하며, 변화를 주도록 한다(교육부,2001)

(1) 쌓기놀이영역

- **다양한 기본 블록들** : 단위 블록, 종이 벽돌 블록, 우레탄 블록, 공간 블록, 널빤지 블록, 스펀지 블록 등
- **운송기관류** : 다양한 자동차, 배, 비행기, 기차 등
- **인형류** : 다양한 인형, 동물 인형 등
- **소품** : 동물 모형, 교통표지판, 신호등, 상자, 가게모형과 집, 간판, 운전대, 가

면, 모자, 연관된 책, 화보, 활동카드, 밀거나 끌고 다닐 수 있는 바퀴 달린 장난감 등

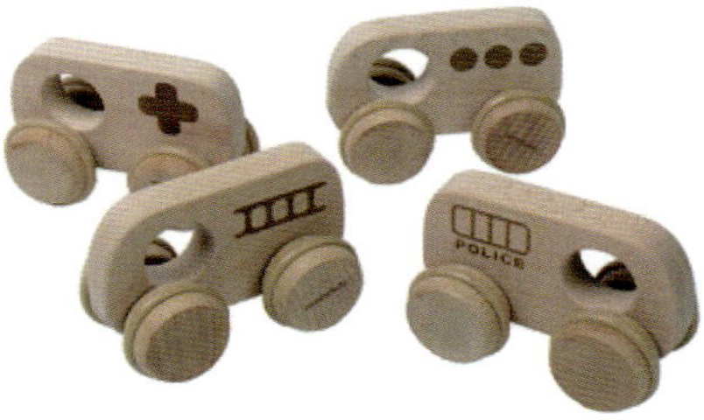

(2) 조작놀이영역

- **조작활동자료** : 그림 맞추기, 숫자 퍼즐, 색 퍼즐, 도형 퍼즐 등
- **구성하기자료** : 레고 블록, 코코 블록, 다목적 블록, 꽃 블록, 만능 블록, 노벨 블록, 오색 만능 띠 모자이크 블록, 에디슨 블록 등
- **일상생활자료** : 지퍼 올리기, 단추 끼우기, 끈 꿰기, 벨트 매기, 끈 매기, 열쇠 · 자물쇠 맞추기, 볼트 · 너트 맞추기, 곡식 옮겨 담기, 구슬 꿰기, 바느질하기 등
- **게임자료** : 다이아몬드 게임, 바둑(오목두기), 막대 게임 등

(3) 역할놀이영역

- **주방용품** : 유아 크기에 적절한 싱크대, 테이블과 의자, 모형 냉장고, 가스레인지, 믹서, 토스터, 저울, 도마, 플라스틱 칼, 밀대, 모양틀, 뒤집기, 국자, 수저, 포크, 각종 그릇, 주전자, 쟁반, 프라이팬, 체, 행주, 냄비, 요리책 등
- **일상용품** : 옷장, 화장대, 작은 침대, 전화기, 전화번호부, 라디오, 소파, 탁자, 모형 TV틀, 꽃, 필통이 달린 작은 메모지판, 종이와 봉투, 잡지와 신문들, 식품 광고, 놀이용 돈, 시계, 다리미와 다림판, 드라이어, 빗, 가발, 큰 거울, 비와 쓰레받기, 가방류, 먼지떨이, 종이봉지나 쇼핑백, 옷걸이 등
- **의류** : 치마, 앞치마와 머릿수건, 양복과 넥타이, 드레스와 면사포, 비옷, 한복, 여러 나라 전통의상 등
- **기타 소품** : 우산, 모자, 가방, 액세서리, 유모차, 아기 옷, 인형, 인형 옷, 스카프, 화장품, 모형 과일, 채소, 놀이용 돈, 밀가루 점토, 각종 말린 씨앗, 수수깡, 스티로폼, 고무 인형, 봉제 인형, 동물에게 읽어 줄 책들, 빈 음식상자, 빨래통, 놀이용 핸드폰 등
- 운송기관, 백화점, 탐험대, 병원, 우체국, 미용실, 주유소, 방송국, 은행, 시장 놀이 시에는 주제 관련 소품을 첨가하여 변화를 준다.

(4) 언어놀이영역

〈듣기자료〉

- **기본자료** : CD 플레이어와 CD, 헤드폰, 카세트레코더와 테이프, 워키토키, 필름스트립, 슬라이드 프로젝터와 슬라이드, 전화기, 소리상자 등

〈말하기자료〉

- **기본자료** : 이야기 꾸미기 자료와 융판, 이야기 꾸미기 그림 조각, 여러 가지 손인형, 막대 인형, 그림판과 자석 인형, 인형극틀, 그림으로 읽는 동화, 녹음기, 공테이프, 마이크, 동화 등

〈읽기자료〉

- **기본자료** : 만져서 알 수 있는 커다란 글자(나무, 모래종이, 모루, 플라스틱, 하드보드지 글자), 동물 · 채소 · 과일 · 꽃 그림, 여러 가지 물건과 장소 그림, 친구이름 카드, 주사위를 이용한 게임용 글자, 낚시 게임, 단계별 그림책, 다양한 책과 책꽂이, 주제에 다른 화보, 잡지류, 사전, 거울 등

〈도서자료〉

- **기본자료** : 그림 백과사전, 자연과학 실험책, 동화책, 잡지 등

〈쓰기자료〉

- **기본자료** : 여러 종류의 가늘고 굵은 연필, 지우개, 매직펜, 크레파스, 컴퓨터와 프린터, 모양종이, 작은 책, 궁금한 낱말카드, 글자 바느질, 장판 글씨, 자음 · 모음 카드, 한글 알파벳, 고무 글자판과 스탬프, 잉크, 다양한 색과 크기의 종이, 독서카드 용지, 하드보드지, 모래글자, 필순 카드, 쓰기자료 및 게시판, 유아용 소형 칠판과 다양한 색분필, 융판, 연필깍이, 화이트보드와 마커 등

(5) 조형 및 미술놀이영역

- **기본 교구** : 이젤, 앞치마(유아용, 비닐 가운, 낡은 셔츠 등), 작업 안내물, 교사용 비품(칼, 송곳, 본드 등), 전시대 또는 전시 테이블, 작품 게시판 등

- **종이류** : 다양한 모양, 색, 질감, 크기, 두께의 도화지, 갱지, 모조지, 소포지, 한지, 흑지, 셀로판지, 신문지, 습자지, 골판지, 마닐라지, 색종이, 포장지, 아세테이드지, 화장지, 종이수건, 헌 잡지 등
- **그리기 · 쓰기 도구** : 화판, 크레파스, 사인펜, 연필(4B), 색연필, 볼펜, 색분필, 매직펜, 파스텔, 목탁, 포스터컬러, 마블링 물감, 지우개, 가는 철망, 스크린, 칫솔, 래커, 스프레이, 스포이트, 팔레트, 붓, 그림물감, 물통, 면봉, 스탬프, 아크릴 페인트, 크레파스 등
- **자르고 붙이는 도구** : 가위, 풀, 접착제, 스테이플러, 펀치, 끈, 고무줄, 클립, Y핀, 핀, 압정, 바늘과 실, 셀로판테이프, 양면테이프 등
- **점토류** : 찰흙, 밀가루 점토, 지점토 등
- **기타** : 자료 보관장, 선반, 그릇, 바구니, 상자, 물통, 스펀지, 유아용 자루걸레, 가위꽂이, 플라스틱 말, 음료수 용기, 뚜껑, 요구르트 병, 필름통, 플라스틱 숟가락, 빨대, 볼펜대, 달걀판, 분유통, 여러 가지 상자, 쇼핑백, 종이봉투, 종이컵, 종이접시, 잡지, 카탈로그, 우표, 달력, 우유팩, 털실, 톱밥, 수수깡, 스티로폼, 이쑤시개, 식용색소, 나무젓가락, 밀대, 본뜨기 도형, 찍기 도형, 여러 가지 유리병, 여러 가지 끈, 솜, 조약돌, 잎사귀, 여러 가지 씨앗, 솔방울, 리본 테이프, 컵라면 용기 등

(6) 수놀이영역

- **기본자료** : 셈하기 틀, 주사위, 도형틀, 분수판, 도미노, 융판과 융판자료, 자석 문자와 수, 자석판, 숫자카드, 기록판, 퍼즐, 수세기 못과 판, 다양한 크기와 형태의 블록, 수블록, 더하기 막대, 놀이용 돈, 색깔 구슬, 수게임, 돌아갈 수 있는 바퀴, 컴퍼스, 측정 도구, 수판, 다양한 종류의 수집물(단추, 동전, 막대, 돌, 마카로니, 콩, 실, 병과 병뚜껑 등), 달력, 온도계, 시계, 신문, 저울, 천칭, 계량스푼, 계량컵, 계산기, 크기 개념 발달을 위한 총계, 지름과 높이가 점차적으로 다른 원기둥, 형태 구성을 위한 헝겊, 벽지, 포장지 등, 금전 등록기, 그래프 활동판, 패턴 활동자료 등

- **분류활동자료** : 분류할 물건(여러 가지 단추, 조개껍데기, 열쇠, 동전, 낙엽, 열매, 나사, 못, 병뚜껑 등의 구체물, 종이컵, 요구르트 병, 칸이 나누어진 용기, 끈, 비닐봉투 등), 분류할 그림(신문, 잡지, 광고지 등의 그림자료) 등
- **공간과 기하활동자료** : 입체자료(공, 캔, 블록, 휴지통, 빈 용기, 다양한 상자 등), 평면자료(도형판 등), 창의적인 구성을 위한 모양 색종이, 수수깡 등

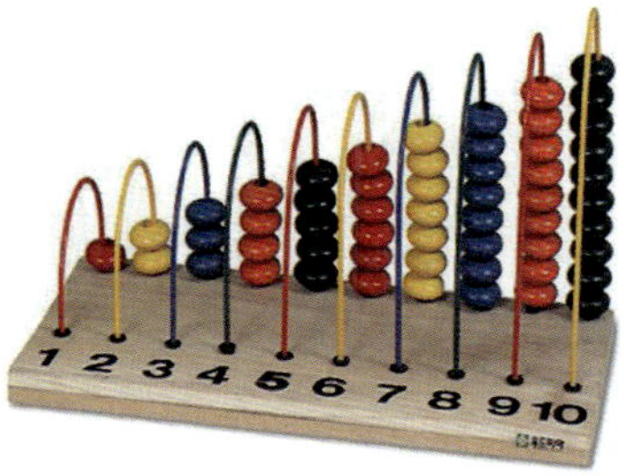

(7) 과학놀이영역

- **측정을 위한 도구** : 체중계, 저울, 신장기, 자, 온도계, 계량컵, 계량스푼, 시계, 달력, 날씨판, 측정 용기 등
- **실험을 위한 도구** : 거울, 확대경, 자석, 손전등, 현미경, 망원경, 쌍안경, 색안경, 깔때기, 크기가 다르고 투명한 플라스틱 병이나 컵, 풍선, 여러 가지 공구과 공구함, 지구의, 각종 헌 기계류 등
- **각종 표본** : 식물, 곤충, 돌(광석), 조개껍데기, 흙, 알, 섬유, 곡류, 씨앗류, 낙엽, 꽃잎 등
- **사육, 재배를 위한 기구** : 화분, 투명 수조, 꽃삽, 물뿌리개, 산소 공급기, 망사, 분무기, 화분 받침대 등
- **동식물류** : 토끼, 강아지, 고양이, 햄스터, 병아리, 새끼오리, 개구리, 올챙이, 달팽이, 개미, 자라, 거북이, 물고기, 새, 고구마, 감자, 콩, 잔디, 보리, 봉숭아, 금잔화, 개구리밥, 채송화, 복숭아, 나팔꽃, 히아신스, 물잔디 등

- 기타 : 그림책과 사전류, 잡지, 프리즘, 소리굽쇠, 나무, 철사, 유리, 흙, 병, 초, 건전지, 스위치, 도르래, 지렛대, 나사, 바퀴와 지축, 모형 비행기, 추, 다양한 무기, 스펀지, 열쇠, 자물쇠, 철사, 자석, 고장난 기계부품, 컴퍼스, 기압계, 열을 낼 수 있는 연료 및 도구, 물, 식초, 소다, 소금, 설탕, 알코올, 요오드, 과산화수소, 나일론, 실크, 인견, 마 등

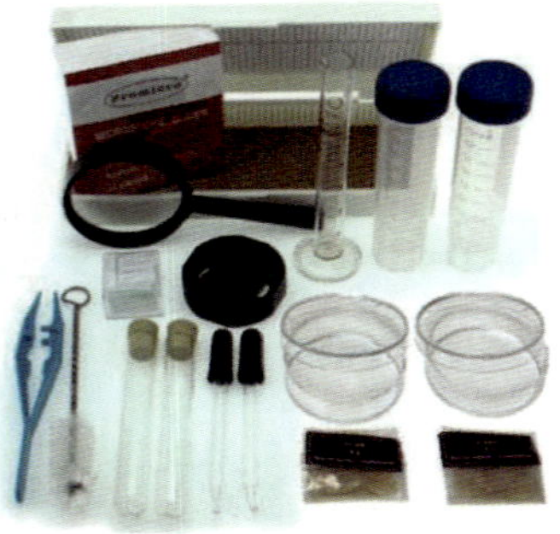

(8) 음률놀이 교구 및 자료

- **생활악기** : 빈 병, 냄비 뚜껑, 유리컵, 물의 높이가 다른 여러 개의 컵, 수도파이프, 주걱, 숟가락, 젓가락, 깡통, 나무토막, 사포, 콩, 부채, 고무줄, 빨래판, 체, 화분, 풍선, 금속, 목탁, 물 등
- **리듬(타)악기** : 탬버린, 캐스터네츠, 트라이앵글, 심벌즈, 큰북, 작은북, 리듬 막대, 방울, 나무토막 치기, 마라카스, 목금, 철금, 티파니, 장구, 소고, 꽹과리, 징, 우드블록, 기로 등
- **가락악기** : 오르간, 피아노, 하프, 아코디언, 멜로디언, 하모니카, 피리, 실로폰, 핸드벨 등
- **음향기기** : 카세트, 녹음된 테이프, 빈 테이프, 헤드폰, 마이크, 확성기 등

• 기타 : 우리나라 고전악기를 찍은 사진이나 그림, 연관된 책, 노랫발 모음, 색깔로 표시된 악보, 노랫말과 관계되는 막대 또는 융판자료, 다양한 크기의 공, 풍선, 리본 테이프, 스카프, 줄 등

(9) 컴퓨터영역

• 기본 교구 : 키보드, 마우스, 조이스틱, 프린터, 디스켓, 모니터, 프린트용지, 스캐너, CD-Ⅰ, 소프트웨어, 모래시계 등

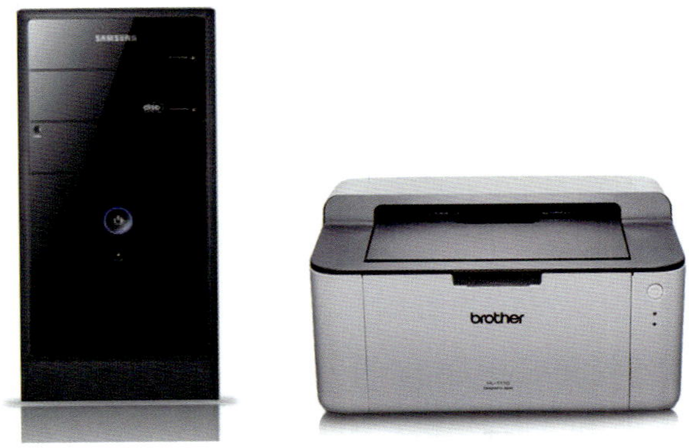

(10) 목공놀이영역

• 목공 작업대 : 유아의 키에 알맞은 높이의 목공 작업대를 제공하며, 교실에 설치할 경우에는 장판을 바닥과 테이블 위에 깔아 소음을 줄인다.
• 연장 : 망치, 드라이버, 대패, 펜치, 드릴, 철사 절단기, 송곳, 톱 등
• 제도용품 : 미터자, 접자, 연필 등
• 목공놀이 보조자료 : 보안용 안경, 가위, 끈, 못, 압정, 테이프, 가죽, 철사, 종이집게, 아교(풀), 작은 바퀴, 스티로폼판, 골판지, 단추, 필름통, 쓰고 난 주사기, 호스, 물 조리개, 스펀지, 병뚜껑, 캔 따깨, 타일, 리놀륨, 모래종이 물감, 페인트, 니스, 붓, 노트, 볼트, 훅, 비, 쓰레받기, 헝겊, 작업용 장갑, 작업복, 자석, 고무조각, 활동카드, 크레파스 등
• 나무 : 다양한 크기와 종류, 모양의 나무(이쑤시개, 아이스크림 막대 등)

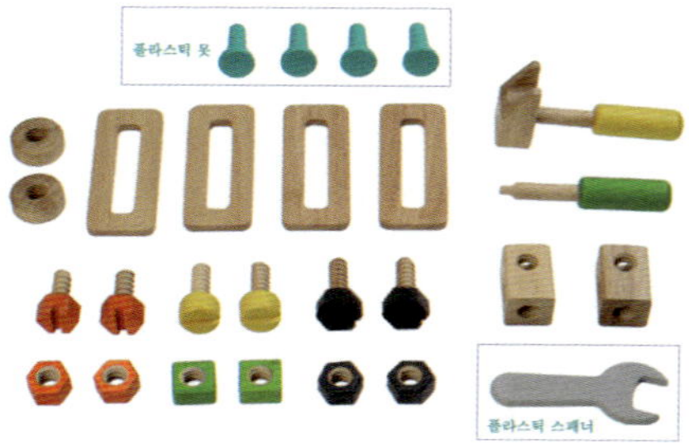

(11) 물놀이영역

- **기본 교구 및 자료** : 실내 물놀이 책상 또는 큰 양철이나 플라스틱 튜브, 놀이를 위한 바깥 수도시설, 플라스틱 조각, 낡은 샤워커튼, 깔개, 유아용 앞치마, 호스나 튜브를 채울 물주전자, 스펀지, 물통, 자루걸레, 자료들을 보관할 공간, 다양한 크기와 형태의 플라스틱 용기와 뚜껑, 플라스틱 컵과 그릇, 계량스푼, 달걀 거품기, 빗, 빨대, 비누, 식용색소, 물감, 나무 조각, 스티로폼, 차트 종이, 매직펜, 콩(다양한 색깔), 대팻밥, 톱밥, 옥수수 알갱이, 뜨는 물체와 가라앉는 물체를 담을 상자 및 사물 등

(12) 모래놀이영역

- **기본자료** : 마른 모래놀이장, 젖은 모래놀이장, 모래, 모래놀이대(높이 조절용), 모래놀이 용품, 모양틀, 측정 도구, 갈퀴, 자석, 다양한 크기의 깔때기, 체, 플라스틱 용기, 깡통, 인형, 장난감 교통기구류, 양동이, 물뿌리개, 일륜차, 모종삽, 플라스틱 삽, 통, 막대, 국자, 화물차, 고무 호스, 확대경, 그물, PVC 파이프, 종이컵, 병뚜껑, 작은 돌멩이나 조개껍데기, 필름통

(13) 요리영역

- **각종 조리 도구** : 조리대(책상으로 대용), 플라스틱 칼, 도마, 주방용 저울, 계량 스푼, 계량컵, 레인지, 믹서, 프라이팬, 냄비, 주걱, 접시, 쟁반, 수저, 포크, 컵, 앞치마, 장갑, 냅킨, 냄비장갑, 가열용 투명 그릇 등
- **정리용 도구** : 행주, 휴지, 걸레, 비, 쓰레받기, 휴지통 등
- **연관된 책** : 요리책, 요리 모음책 등
- **요리 차트** : 주스, 샐러드, 전 부치기, 떡 만들기, 푸딩(묵) 만들기, 삶기(달걀, 메추리알, 감자, 고구마, 옥수수, 밤 등)
- **기타 활동** : 코코아, 잼, 떡볶이, 떡산적, 찐빵, 팝콘, 만두, 김치, 토스트, 과일, 국, 라면, 계란 프라이, 과일 화채, 김밥, 핫케이크 등

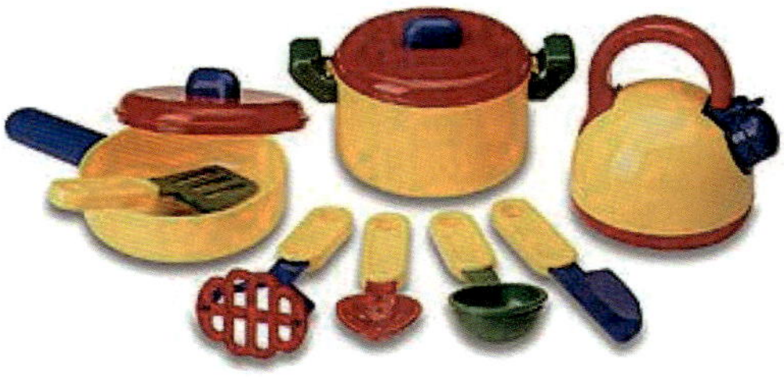

(14) 식사(간식) 및 낮잠(휴식)영역

- **기본 교구** : 간식 쟁반, 개인용 식사 도구, 개인용 침구, 침구 정리장, 부드러운 봉제 인형, 조용한 음악이 녹음된 테이프와 카세트 등

(15) 신체활동영역

- **기본 교구 및 자료** : 종합 놀이기구, 미끄럼틀용 나무판, 그네, 미끄럼틀, 낮은 철봉, 정글짐, 망 오름대, 링 터널, 드럼통 터널, 놀이집, 시소, 구름사다리, 흔들사다리, 통나무 징검다리, 타이어 오름대, 농구대, 점핑 바운더, 개방된 공간, 잔디밭, 흔들 목마, 자전거, 시소, 줄넘기, 훌라우프, 여러 종류의 공, 골대, 줄다리기용 로프, 평균대, 뜀틀, 매트, 던지기용 고리, 수레, 놀이용 골프채, 배드민턴 라켓, 헌 타이어, 잠자리채, 전화선 감개, 사다리 상자, 널빤지, 오뚜기, 펀치 백, 높이뛰기용 기구(점핑 바운더), 다양한 종류의 끌차, 헝겊 의자가 있는 그네, 낙엽더미, 구름다리, 철봉대, 게임도구 등

(16) 탐구(자연학습)영역

- **동물 기르기 영역** : 동물 사육장, 여러 종류의 동물(병아리 또는 닭, 코끼, 오리, 새 등) 등
- **식물 기르기 영역** : 꽃과 꽃씨, 꽃삽, 팻말, 모종삽, 갈퀴, 어린이용 삽, 호미, 화분, 물뿌리개, 분무기, 정원용 호스, 각종 식물 등
- **곤충이나 벌레** : 개미, 나비, 달팽이, 거미, 풍뎅이, 귀뚜라미, 지렁이 등
- **과학 실험** : 자석, 확대경, 쌍안경, 프리즘, 온도계, 깔때기, 투명한 플라스틱병, 곤충 채집망, 휴지, 연필, 줄, 테이프, 카메라(교사용), 줄자 등

Chapter 05

교수매체 이론

1. 지각 이론
2. 데일(Dale)의 경험 원추 이론
3. 브루너(Bruner)의 교수 이론
4. 올센(Olsen)의 이론
5. 킨더(Kinder)의 이론
6. 의사소통 이론

1. 지각 이론

(1) 지각(Perception)의 개념과 특징

자기 주위의 세상을 인식하는 과정이다. 지각정보는 많은 감각정보가 서로 관련되어 결합된 복잡한 패턴을 이루고 있다. 그러나 개인은 그 중 일부에만 반응한다(선택적 지각).

(2) 지각(Perception)의 기본원리

지각은 절대적이기보다는 상대적이다. 모르는 사실이나 사실을 관련지울 수 있는 참고를 제공한다. 또한 어려운 개념은 작게 쪼개서 제시한다. 지각은 선택적이다. 한 번에 제시되는 자료의 내용은 핵심적인 내용으로 국한한다. 그리고 지각은 조직할 수 있다. 메시지(학습내용)에 순서를 부여하기 위해 번호를 매기거나 언어적 단서('다음에', 'A또는 B')를 사용한다. 지각은 기대에 따라 달라진다. 주어진 내용에서 답을 찾을 수 있도록 지시나 요소에 주의를 갖을 수 있는 교수를 한다.

(3) 지각과 주의집중(Attention and Preattention)

지각과 주의집중 과정은 첫째, 주의집중은 메시지 내의 관련 아이디어를 어떻게 제시하는가에 따라 변한다. 둘째, 명암, 색, 구성, 형식(작품의 표현구조), 크기 등은 지각에 긍정적인 영향을 미치기 때문에 주의하여 선정하고 배열하여야 한다.

(4) 그림과 글의 지각

공간 개념을 가르치려면 시각 통로를, 시간 개념을 제시하려면 청각 통로를 사용한다.

(5) 지각용량(Perceptual Capacity)

지각용량은 다음과 같다. 첫째, 언어로 제시하기 어려운 것은 단문, 추가적인 설명, 명확한 기술적인 수단을 사용한다. 둘째, 어려운 정보 수준에 가장 알맞은 방식은 슬라이드, 테이프, 사운드, 비디오를 통해 주제를 시청각적방법을 동시에 사용하여 제시하는 것이다.

(6) 지각을 통한 변별, Grouping, 조직

그룹(Group)을 암시하기 위해 밑줄이나 테두리선을 사용하나, 시각적으로 요소들을 강조하고 관계를 짓는다. 그리고 여러 관련 사실을 동시에 제시하면 유사성과 차이점의 인식을 촉진한다. 전달내용을 분명히 제시하기 위해 조직 개요를 사용한다.

(7) 지각과 인지

사물이나 사태를 더 많이 지각할수록 기억개념 형성, 창의력, 문제해결력, 태도 등이 더 바람직스럽게 변한다.

2. 데일(Dale)의 경험 원추 이론

데일은 학습경험을 크게 세 가지로 구분하고, 이를 구체성의 정도에 따라서 세분하여 경험 원추라는 도표를 만들었다. 이 분류는 교수매체 선정에 상당한 시사점을 주는 이론으로, 원추에서 위로 올라갈수록 추상성이 높아지고 아래로 내려올수록 구체성이 높아진다고 보았다.

첫째, 구체성이 높은 '행동적 경험'을 들 수 있다. 행동적 경험은 직접적인 경험, 고안된 경험으로 점차 추상성을 띠게 된다. 직접경험은 완전한 학습이 될 수 있다. 그러나 직접 경험도 계획적이며, 아동의 수준에 맞는 경험을 의도적 · 체계적으로 학습체험을 갖게 될 때 완전학습이 가능한 것이다. 고안된 경험은 직접 현장에 가거나 사물에 접할 수 없는 소재일 때는 모의적인 사물을 경험하게 하는 경우를 말한다. 예를 들면, 네거리 신호 체계와 횡단보도 실습 같은 것은 모의 실습장을 찾아가거나 극화 역할극을 하도록 하면 거의 실제에 가깝도록 체험하게 되어 완전학습이 가능하다. 극화된 경험은 직접 접할 수 없는 사건이나 개념을 경험하도록 한다. 연극을 보거나 직접 출연함으로써 이미 사상을 경험할 수 있다. 유치원 과정의 아동들에게는 행동적인 경험을 교수매체로 선택할 때 개념을 쉽게 이해하게 될 것이다.

둘째, '시청각적 경험'은 실제 행동이나 실물을 통한 학습 활동은 아니지만 어느 정도 구체성을 띤 경험이라 할 수 있다. 현장을 견학하거나 영상자료를 통하여 간접 경험을 갖도록 한다. 따라서 실제 수업에서 직접적인 체험에 가깝도록 매체를 선정해야 한다. 시청각적인 자료 중에 가장 확실한 자료는 교사의 시범이다. 교사의 모든 행동이 아동들의 준거가 되는 것은 물론이지만 특히 신체표현 활동 학습에서는 교사의 시범이 가장 좋은 자료라 할 수 있다. 교사의 시범으로 어려운 것은 현장견학이나 영상매체로 보여 줄 수도 있지만 이것은 아동들에게 비교적 추상성이 높다고 하겠다. 사진을 보여 주거나 소리를 녹음하여 들려주는 것 등의 학습도 시청각적 경험이지만 동영상을 동시에 보게 하는 것보다는 추상적이다.

셋째, '상징적인 경험'은 학습경험 중 가장 추상성이 높은 경험으로 문자나 도표 등의 자료나 언어적인 자료가 여기에 속한다. 유치원 아동들의 수준에서는 상징적 경험이 가장 학습의 난이도가 높게 된다. 그러나 인간은 태어나면서부터 언어와 접하게 됨으로 가장 추상적이지만 가장 많이 쓰이는 학습매체인 것이다. 따라서 아동들의 수준에서 실물을 보여 주면서 차근차근 설명을 곁들이면 저 연령 아동들에게도 개념의 이해나 행동의 교정을 기대 할 수 있다.

'경험의 원추' 이론에서 교수매체는 구체적이며 직접적인 경험일 때 학습의 효과가 크다라고 정의할 수는 없지만, 개념 폭이 좁은 유아들의 교육에 있어서는 구체성이 높은 매체를 사용하되 가장 추상적인 언어적 매체를 사용할 수도 있고, 대학강의에서도 가장 구체적인 행동적 경험을 교수매체로 사용할 수 있는 것이다.

데일의 경험 원추 이론을 브루너(Bruner)는 학습 활동을 표현 이론과 관련지어 보면, 그 구체성에 따라 '작동적 표현'은 '행동적 경험'이 중심이 될 것이고, '영상적 표현'은 '시청각적 경험'을 중심으로 학습경험이 이루어지며, '상징적 표현'은 '상징적 경험'으로 표현되는 등 3단계로 분류한 것도 결국은 부르너의 표현방식 이론과 데일의 '경험의 원추' 이론과 비슷하다 할 수 있다.

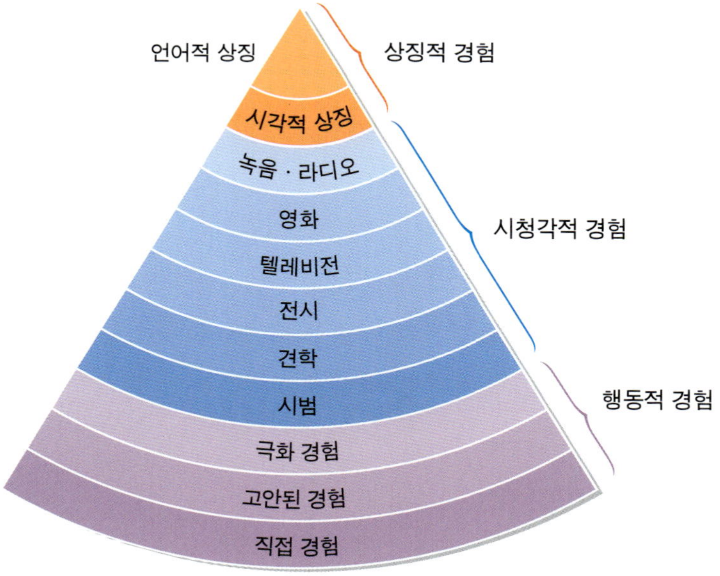

|그림 5-1| 데일의 경험의 원추 이론

3. 부르너(Bruner)의 교수 이론

인지적 접근방법에 기초를 두고 있는 부르너의 교수 이론은 인간의 내적 과정인 지각 과정과 개념화 과정에 관심을 쏟고 있다. 부르너의 교수 이론(표현/표상 이론)에서 표현양식은 작동적 표현에서 영상적 표현양식으로, 더 나아가서는 상징적 양식으로 발전하며 그 기본개념은 아래와 같다.

첫째, 동작적 · 작동적 표현으로 어린 유아가 자신과 환경과의 직접적인 접촉행위를 통하여 세상에 대한 지식을 획득해 나가는 것과 같은 것을 말한다. 동작과 손놀림을 통해 정보를 표상하고 생각하는 바를 신체적으로 나타낸다.

둘째, 영상적 표현으로 세상을 알아가기 위해 사용되는 책략으로 대상에 대한 정신적 상을 사용하는 형태를 의미한다. 정보를 표상하는 데 지각과 정보의 이미지를 사용한다.

셋째, 상징적 표현으로 대상이나 경험을 단순히 영상화하는 데서 벗어나 언어와 같은 가장 효율적인 상징적 체계가 이용되어 사고 속에서 무한한 조작이 가능한 수준을 의미한다. 상징과 언어를 사용하여 정보를 표상한다. 언어는 표상할수 있는 가능한 경험의 범위를 점차 늘리고, 그 경험들을 조작하고 변형하도록 돕는다.

4. 올센(Olsen)의 이론

올센은 학습에는 기본적인 세 가지 형이 있는 것으로 보았다.

① 직접경험에 의한 직접학습

② 대리경험에 의한 대리학습

③ 상징경험에 의한 상징학습

|그림 5-2| 올센의 학습 이론

올센은 학습유형을 경험학습이 직접적인 것이냐 간접적인 것이냐 또는 현실자체냐 시청각자료냐라는 점에서 분류하여, 논리적으로 명확하며 보다 알기 쉽도록 구분하였다. 이러한 유형에서 사용하게 되는 시청각교구의 특징을 다음과 같이 설명하고 있다.

첫째, 시청각교구는 시각과 청각에 직접 호소하는 기계적인 교육의 도구이다.

둘째, 시청각교구의 가치는 다양하다. (산 경험 제공, 복잡한 자료를 단순화하여 제공, 지리적으로 먼 상황이나 사진을 인격화, 과거의 현상을 현실화, 시간을 경제화함)

셋째, 시청각교구의 효과적인 이용을 위해서는 여러 가지 조건이 고려돼야 한다.

5. 킨더(Kinder)의 이론

킨더는 지적 활동의 과정을 구체적, 직접적 단계에로 옮겨가는데 감각, 지각, 기억, 표상, 비교, 개념, 추리, 사고의 단계를 거쳐서 형성된다고 생각하였다. 그리고 각 단계의 활동은 하부의 활동 과정을 기반으로 하고 있어, 복잡한 개념적 사고도 구체적 현실의 세계에서 완전히 이탈할 수 없다고 하였다. 아래 그림에서 보면 아래는 과정이 구체적이지만 위로 올라갈수록 추상적으로 되어있어 결국 개념의 적용 과정으로 볼 수 있다.

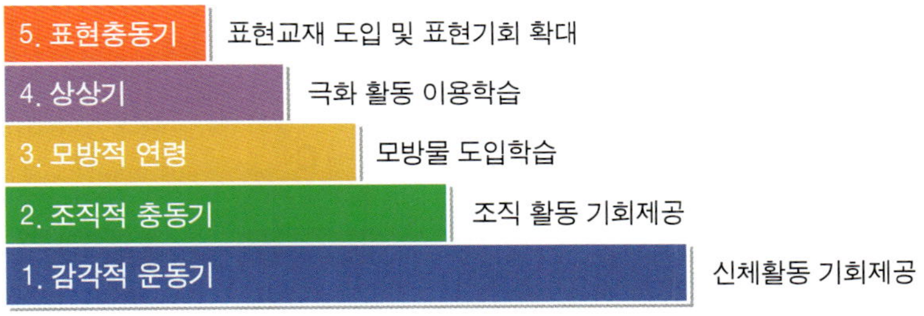

|그림 5-3| 킨더의 아동학습 과정의 5단계

킨더는 시청각자료를 적절히 사용하였을 때의 효과를 다음과 같이 제시하였다.

첫째, 개념적 사고의 기초를 제공하고 학습자의 무의미한 언어반응을 감소시킨다.

둘째, 시청각자료는 흥미를 유발시킨다.

셋째, 발전적 학습의 기초를 제공하며 영속적인 학습을 가능케 한다.

넷째, 학습자의 능동적인 활동을 자극하는 현실적인 경험을 준다.

다섯째, 사고의 계속성을 발전시킨다.

여섯째, 의미의 습득에 도움을 주며 어휘를 발달시킨다.

일곱째, 교재에서 쉽게 얻을 수 없는 경험을 제공해서 수업의 다양성과 효율성을 높인다.

6. 의사소통 이론

의사소통 이론의 도입은 결과 중심적이고 산물 지향적이던 시청각교육에 과정과 피드백 개념이 첨가된 이론적 체계를 발달시켰다. 이 시기의 대표적인 통신 모형으로 벌로(Berlo)의 SMCR 모형과 쉐논과 슈람의 통신 과정 모형이 있다.

(1) 벌로(Berlo, 1960)의 'S-M-C-R' 모형

송신자로부터 수신자에게로 전달되는 통신 과정과 그 과정 속의 요소들 간의 상호 관계를 나타내고 있다.

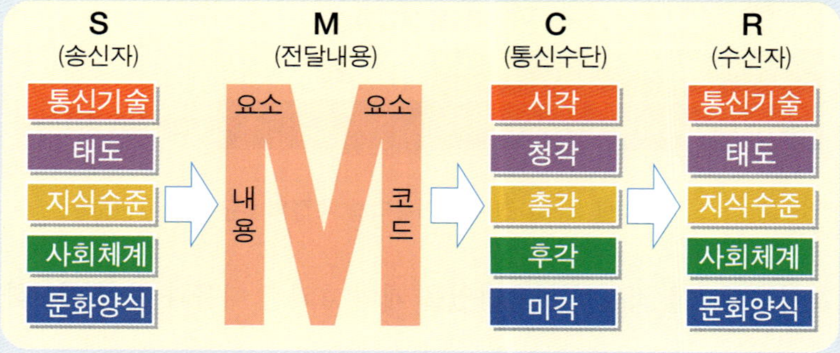

|그림 5-4| S-M-C-R 모형

* **S**(Sender, 송신자) : 메시지를 만들어 수신자에게 보내는 사람을 의미. 교사, 유아, 교구가 여기에 해당됨
* **M**(Message, 메시지) : 송신자에 의해 만들어진 정보로서 교실에서는 학습내용 또는 수신자에게 전달되는 자극을 의미

※ C(Channel, 채널) : 송신자가 기호화된 메시지를 수신자에게 옮겨주는 것으로 주로 하드웨어가 채널이 되며 유선방송, 공중파방송 등의 빛이나 음파가 여기에 해당. 교실에서는 시청각 매체를 통하여 메시지 전달

※ R(Receiver, 수신자) : 메시지를 받아 해독하는 역할수행. 수신자는 눈, 코, 귀 그리고 말초감각신경에 의해 메시지를 받아들이고, 재생시킬 것은 재생시켜 송신자에게 반응하여 수신자 역할에만 머물지 않고 송신자의 역할도 동시에 수행

(2) 쉐논(Schannon)과 슈람(Schramm)의 통신 과정 모형

송신자와 수신자가 '경험의 장'의 만남을 통해 효과적으로 통신할 수 있음을 설명하고 있다.

첫째, 송신자가 수신자의 지식과 경험의 장에 맞는 문자와 영상을 사용해 메시지를 기호화(encoding)한다.

둘째, 수신자는 기호화된 메시지를 해독할 수 있는 지식과 경험을 갖고 있을 때 통신이 잘 될 수 있다. 즉, 송신자로서의 교사는 학습자가 자신의 경험의 장(場) 내에서 해독할 수 있도록 학습내용을 기호화하여야 한다.

셋째, 이 모형에서 수신자(학습자)의 반응은 송신자(교사)에게 피드백된다. 즉, 학습자의 반응에 의해 교사는 수업방법을 수정 · 보완할 수 있고, 수업결과를 판단할 수 있다.

넷째, 통신 과정에서 일어나는 잡음(noise)은 교수-학습 과정에서 일어나는 바람직하지 못한 환경적 요소이다.

① **물리적**(physical) **잡음** : 소음, 혼탁한 공기, 어두운 조명 등을 의미한다.

② **내부적**(internal) **잡음** : 물리적 잡음보다 더 중요한 것으로서 학습자의 지식수준이나 어휘능력에 맞지 않는 학습내용을 의미한다.

다섯째, 이러한 잡음을 최소화시키고 경험의 장을 최대한 넓혀줌으로써 통신 과정을 원활히 할 수 있다.

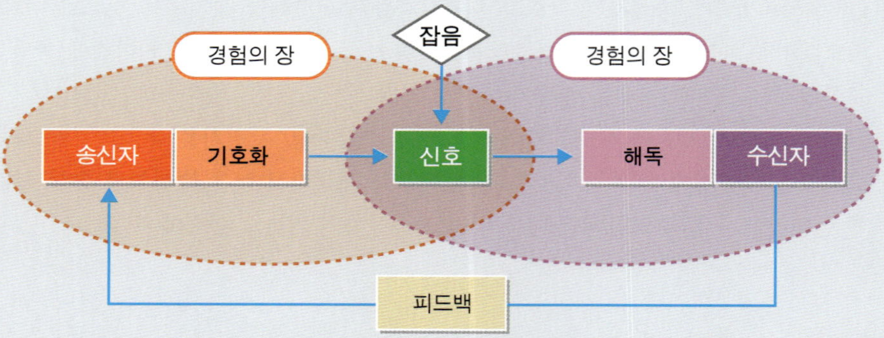

|그림 5-5| Schannon & Schramm의 통신 과정 모형

* **피드백** : 송신과 수신의 반복적인 과정을 통하여 문제가 되는 점을 알아내고, 이를 수정, 보완하여 의사소통이 지속적으로 이루어지도록 하기 위한 요소

(3) 통신 모형이 교수방법과 매체에 미친 영향

첫째, 교수-학습 과정은 통신의 기본 구성요소인 교사(송신자)와 학습자(수신자), 학습내용으로 구성된다. 따라서 교수-학습 과정 역시 교사와 학습자 간의 상호작용 관계로 이해된다.

둘째, 통신수단에 인간의 오감각(오관)을 모두 포함하여 시각과 청각에 의한 제한된 경험에서 한층 포괄적 경험으로 확대되었다.

셋째, 교사와 학습자 간에 교육하는 경험의 중요성을 부각시켰다.

넷째, 통신 과정에 피드백 요소를 포함시켜 과정개념의 부각 및 평가와 수정기능을 환기시켰다.

다섯째, 통신 과정에는 통신의 충실도를 떨어뜨리는 잡음이 있기 마련이며 이는 교수-학습 과정에도 적용되므로, 효과적인 교수-학습을 위해서는 필요한 최적 환경을 구축하여 잡음을 최소화해야 한다.

〈표 5-1〉 수업매체의 특성 요약

구분	장점	단점	활용 시 고려사항
실물, 모형	• 실제와 가까운 유사물 묘사 • 역동적 학습가능	• 공간의 점유 • 이동의 불편 • 시간의 소모, 고비용	• 교육장소 내에 배치 • 모형마다 설명 첨부
비디오 테이프	• 실제 상황에 대한 대리 경험 • 구입이 용이 • 재생 및 수정이 가능 • 반복학습 가능	• 스크린의 크기를 고려한 대상자 수 조절 • 기술적 능력이 필요	• VTR 준비 • 테이프 제작 시 많은 시간과 경비 소요
영화	• 대상자의 높은 집중력 • 긍정적인 태도 형성	• 고비용, 보관의 불편 • 기술적 능력이 필요 • 암막장치가 필수적	• 최신의 내용을 선정 • 상영을 위한 지원체계 구성 • 영사기술 습득
슬라이드	• 제작, 개선, 저장, 재배치가 용이 • 대상자의 이해 속도에 맞추어 활용 • 개인 및 집단에 적합 • 색채감, 현실감	• 정적 상태 • 색상의 변색 • 해설집의 작성 • 동적 매체와 함께 활용	• 그림과 해설의 일치 • 정확한 필름삽입 요령습득
녹음기, 카세트 테이프	• 개인 및 집단에 적합 • 듣기 능력 발달 • 이해력 발달 • 제작, 삭제, 재생 용이	• 청취만으로 무료할 수 있음 • 쉽게 손상될 수 있음	• 보관 시 온도와 습도에 유의할 것 • 녹음 상태가 양호할 것
녹음기, 카세트 테이프	• 개인 및 집단에 적합 • 듣기 능력 발달 • 이해력 발달 • 제작, 삭제, 재생 용이	• 청취만으로 무료할 수 있음 • 쉽게 손상될 수 있음	• 보관 시 온도와 습도에 유의할 것 • 녹음 상태가 양호할 것
투시물 환등기 (OHP)	• 재사용이 가능 • 대상자를 보면서 교육 • 암막장치 불필요 • 다양한 기법을 활용 • 오버랩(over-lap)	• 부피가 큼 • 전구의 소모가 큼 • 자료준비에 장시간 소요	• TP(transparent) 사용 시 주의(지문, 기름, 얼룩 등) • 네임펜 사용
칠판	• 자유로운 설명이 가능 • 대상자의 관심 유도	• 이차원적 • 소모품의 준비 • 글씨체의 영향이 있음	• 칠판의 위치와 대상자의 눈높이를 고려해야 함
차트	• 다양한 용도 • 간편한 이동 • 대상자의 관심 유도	• 예술적 재능이 필요 • 제한된 견해만 제공	• 다양한 색채 활용 • 고정을 위한 도구가 필요함

구분	장점	단점	활용 시 고려사항
팜플렛, 포스터	• 이동 간편 • 수시 사용 가능 • 대상자의 수준을 고려한 제작	• 많은 시간 소요 • 제한된 견해 제공 • 읽는 사람에게만 제한적으로 정보가 제공됨 • 청각적 자극이 없음	• 유행을 고려한 제작기법 활용 • 내용을 간단하게 요약하여 전달
게시판	• 다양한 정보제공	• 정리정돈이 필요 • 간략한 메시지 전달	• 생동감 있는 전시 • 정확한 메시지 전달
그림, 사진	• 정서 자극, 대화촉진 • 분명한 의미 전달	• 개인, 소집단에 적용 • 주의산만	• 명확한 요점전달 • 교육목적에 맞는 사진 활용
융판	• 경제적 • 흥미 유도 • 재사용 • 보관의 간편성	• 소수집단을 대상 • 제작기술능력을 갖추어야 함	• 교육목적에 맞는 그림 제작

Chapter

06

교수매체 제작 및 활용법

1. 인형 만들기
2. 융판자료
3. 앞치마
4. 원판
5. 자석을 이용하는 판
6. 언어 · 수 활동을 위한 매체제작
7. 책 만들기

1. 인형 만들기

다양한 소재로 꾸며진 입체적인 인형은 유아의 창의력과 상상력 발달에 도움이 된다. 인형은 유아의 학습동기를 이끌고 학습에 대한 흥미와 관심을 지속시켜 줄 수 있는 매체이다. 인형은 다양한 자료 및 방법으로 만들 수 있으며, 유아가 직접 조작 및 인형극에 직접 참여함으로써 적극적인 학습이 이루어질 수 있다.

1) 손인형

손인형은 손가락이나 손을 인형 안으로 집어넣어서 인형을 움직이는 것으로 인형의 머리와 팔 입 등을 움직이게 만들 수 있다.

(1) 양말을 이용하여 입을 움직이게 만든 손인형

〈준비물〉

양말, 부직포, 글루건

〈제작방법〉

① 양말의 한 부분을 입과 얼굴로 정한 후 입 부분을 절개한다.

② 부직포로 입 모양을 오린 후 양말의 절개된 부분에 맞추어 글루건으로 붙인다.

③ 눈알, 헝겊, 단추 등을 이용하여 장식한다.

〈활용방법〉

뱀이나 애벌레 등이 주인공으로 나오는 그림책에 활용한다.

〈사진자료〉

(2) 상자를 이용하여 입을 움직이게 만든 손인형

〈준비물〉

과자상자, 색상지, 부직포, 본드, 풀

〈제작방법〉

① 우유팩이나 과자상자 중앙 부분의 세 면을 자른 후 남아 있는 한쪽면을 접어, 손을 넣어 움직일 수 있도록 한다.

② 색상지나 부직포 등을 이용하여 얼굴을 만든 후 눈알을 붙이고 다양한 재료를 이용하여 꾸며 준다.

〈활용방법〉

하마, 사자, 악어 등 커다란 입을 가진 동물들이 주인공으로 나오는 그림책에 활용한다.

2) 손가락 인형

손가락 인형은 손가락에 인형을 끼워 조작하는 인형이다. 손가락 인형의 종류는 조작방법에 따라 손가락에 끼우는 인형, 장갑 인형, 손가락이 인형의 일부가 되는 인형 등이 있다.

(1) 손가락에 끼우는 인형

〈준비물〉

부직포, 글루건

〈제작방법〉

① 동물이나 사람 등 등장 인물의 모습을 부직포로 만든다. 이때 얼굴 부분에 솜을 넣어 입체적으로 만들 수 있다.

② 부직포로 손가락 크기의 원통을 만들어 (1)에서 만든 얼굴을 붙인다.

〈활용방법〉

여러 명의 등장 인물이 나오는 그림책에 활용한다.

〈사진자료〉

(2) 장갑 인형

〈준비물〉

흰 면장갑, 부직포, 글루건

〈제작방법〉

① 그림책에 나오는 등장인물의 모습을 부직포로 만든다.

② 벨크로테이프(찍찍이)를 활용해 장갑에 인형을 붙여 활용하거나 글루건으로 붙인 후 활용한다.

③ 활용방법 : 그림책을 읽어 주기 전 도입에 동요를 부르며 활용하거나 나비가 되는 과정 등 순차적인 변화가 있는 그림책에 활용한다.

〈사진자료〉

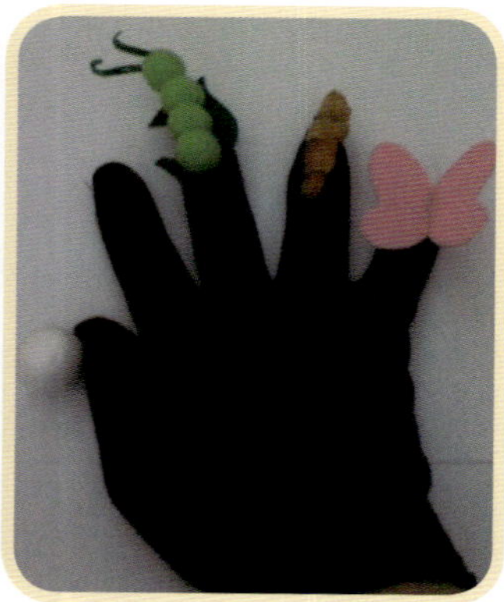

3) 막대 인형

막대 인형은 인형에 막대를 연결하여 그 막대를 잡고 조작하는 인형이다. 막대 인형은 그림책의 그림이나 화보를 이용하여 손쉽게 만드는 평면 막대 인형과 부직포, 종이컵 등을 이용해 만드는 입체 막대 인형 등 다양하게 만들 수 있다.

(1) 평면 막대 인형

〈준비물〉

그림자료, 코팅지, 양면테이프

〈제작방법〉

① 그림자료를 오린 후 그림을 코팅한다.

② ①의 그림자료에 막대를 붙인다. 이때, 양면으로 그림을 붙인 경우에는 막대를 그림 앞면과 뒷면 사이에 붙인다.

〈활용방법〉

그림책을 읽고 역할극을 할 때 손쉽게 만들어 활용할 수 있다.

〈사진자료〉

(2) 컵 막대 인형

〈준비물〉

종이컵, 인형, 수수깡, 양면테이프

〈제작방법〉

① 그림책에 등장하는 인물을 그림자료나 부직포를 이용해 종이컵 안에 들어 갈 수 있도록 만든 후 수수깡을 길게 붙인다.

② 컵의 아랫부분에 구멍을 내고 인형과 연결된 수수깡을 구멍 안으로 넣고 인형의 옷 부분과 종이컵의 윗부분을 연결한다.

③ 컵을 한 손으로 잡고 다른 손으로 수수깡을 아래로 잡아당기면 인형이 컵 속으로 사라졌다가 다시 나타나도록 조작한다.

〈활용방법〉

유아의 흥미나 주의집중을 할 때 활용하도록 한다.

〈사진자료〉

2. 융판자료

융판(Flannel board)은 나무로 된 판이나 하드보드지 등에 부직포나 펠트지를 부착해 만든 매체이다. 동화, 동시, 동요, 글자, 수 익히기 수업 모두에 활용이 가능하다.

기존에 판매하는 제품을 이용할 수도 있지만 접었다 펼 수 있는 융판을 제작한다면 이동과 보관에 편리하고, 장소에 구애받지 않고 이용할 수 있으며, 더 특별한 느낌을 전달할 수 있다.

〈준비물〉

① 하드보드지

② 부직포

③ 목공용 풀 또는 본드 건, 칼, 자, 벨크로테이프(찍찍이)

〈제작방법〉

① 아래와 같은 크기의 하드보드지를 준비한다. 접는 선은 미리 접어놓는다.

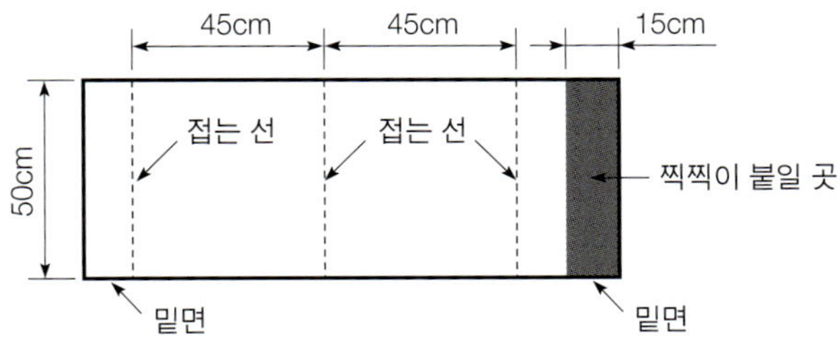

② ①의 하드보드지 전체를 부직포로 감싸 붙인다. 이 때 전면과 후면을 모두 감싸야 쉽게 휘어지지 않는다.

③ 접는 선에 따라 다시 한 번 접는다.

④ 밑면에 벨크로테이프(찍찍이)를 붙인다. 테이프를 붙이지 않으면 세워 놓고 수업을 진행할 때 벌어질 수 있다.

⑤ 사용 후 보관할 때는 벨크로테이프(찍찍이) 를 떼고 편편하게 접어서 보관한다.

〈활용방법〉

① 등장인물이나 배경을 융판 위에 붙여 가면서 진행할 수 있으므로 등장인물이 계속 첨가되거나 등장과 퇴장이 반복되는 경우, 배경의 변화가 필요한 동화에 활용하면 좋다.

② 이야기 들려주기에 활용할 경우 등장인물의 순서를 미리 숙지하고 있어야 하며, 등장 순서를 번호로 써 놓아도 좋다.

③ 글자와 숫자를 제시할 때도 이용할 수 있는데 한 단어, 또는 한 줄씩 제시할 수 있어서 유아들의 집중도를 높일 수 있다.

3. 앞치마

앞치마동화는 펠트지나 부직포로 만든 앞치마를 입고 등장인물을 앞치마에 붙이면서 이야기를 들려주는 매체이다. 이때 사용되는 앞치마는 기본 배경을 표현한 것으로 배경의 역할을 하는 앞치마가 된다. 융판동화와 비슷한 방법이지만 구연동화의 장점을 더 살릴 수 있다.

앞치마 동화는 교사가 직접 앞치마를 입고하므로 핸드 퍼핏을 활용할 수 있으며, 배경과 매치되는 장갑을 사용하여 흥미를 높일 수도 있다.

〈준비물〉

① 펠트지 또는 부직포

② 목공용 풀 또는 본드 건, 가위, 실, 바늘

〈제작방법〉

① 펠트지나 부직포로 앞치마를 제작한다. 이 때 색깔은 동화의 주된 배경색을 고른다.

② 앞치마 옆면에 주머니를 만들어 등장인물을 보관한다.

③ 등장인물은 앞치마 색과 구별되어야 하며, 경우에 따라 주인공을 입체적으로

만들면 더 실감이 난다.

〈활용방법〉

① 동화구연 시 배경으로 활용한다.

② 동시 수업에서 그림과 글을 함께 제시할 때 활용한다.

③ 동화를 들려줄 때 교사의 의상은 흰색 또는 단색이 좋다. 그래야 앞치마가 두드러져 보인다.

4. 원판

원판매체는 하드보드지를 이용해 둥근 모양으로 만든 매체이다. 두 장의 원판을 겹쳐 만드는 경우와 한 장의 원판과 화살표를 이용해 만드는 경우가 있다.

〈준비물〉

① 하드보드지

② 시트지, 부직포

③ 컴퍼스, 각도기, 자, 가위, 칼, 할핀

〈제작방법〉

① 하드보드지를 지름 50㎝로 하여 원을 2장 만든다.

② 한 장은 부채꼴로 5등분하여 그 간격을 표시한다.

③ 다른 한 장은 5등분 중 한 칸을 오려낸다.

④ 부직포로 감싼다.

⑤ 오려 낸 장을 위로 놓고 한가운데에 할핀을 끼워 완성한다.

〈활용방법〉

① 동화나 동시를 순서대로 들려줄 때, 또는 그림책을 읽은 후 이야기 순서를 회상할 때 활용한다.

② 사건의 순서나 시간의 흐름이 있는 동화, 식물이 자라는 과정, 동물의 한살이 등의 내용에 적합하다.

③ 유아들이 그림을 보며 말하기 활동을 할 수도 있다.

④ 겉표지의 잘려나간 부분과 아래 원판의 그림이 잘 맞도록 주의하며 원판을 돌린다.

5. 자석을 이용하는 판

자석판, 자석을 붙인 인형, 파일이나 병풍 자석 등 자석을 이용하는 매체로 실이나 철사 없이 움직여서 유아들이 흥미로워 한다. 자석을 이용하여 붙인 채 밀어서 움직이므로 동적인 효과를 낼 수 있다.

〈준비물〉

① 하드보드지

② 투명 시트지, 자석, 테이프, 자, 칼

〈제작방법〉

① 하드보드지 8절을 반으로 자른 것을 6장 준비한다.(작품마다 장 수가 다를 수 있다.)

② 하드보드지 전체를 투명 시트지로 싼다.

③ 테이프로 연결해서 병풍처럼 만든다.

④ 제시할 이야기 내용에 맞게 그림을 그려 붙여서 활용한다.

〈활용방법〉

① 이어서 움직일 수 있으므로 여행 이야기나 움직임이 있는 이야기에 활용한다.

② 자석을 겹쳐 붙일 수 있으므로 누적되는 내용에 활용한다.

③ 수업이 진행되면서 병풍처럼 옆으로 펼쳐져야 하므로 공간이 넉넉해야 한다.

④ 뒷면에 움직이는 선을 표시해두어야 인물의 움직임이 끊이지 않고 자연스럽게 진행될 수 있다.

⑤ 각 장마다 배경과 인물의 위치에 맞는 내용의 동화를 들려주어야 하므로, 뒷면에 이야기를 붙여 놓는 것이 좋다.

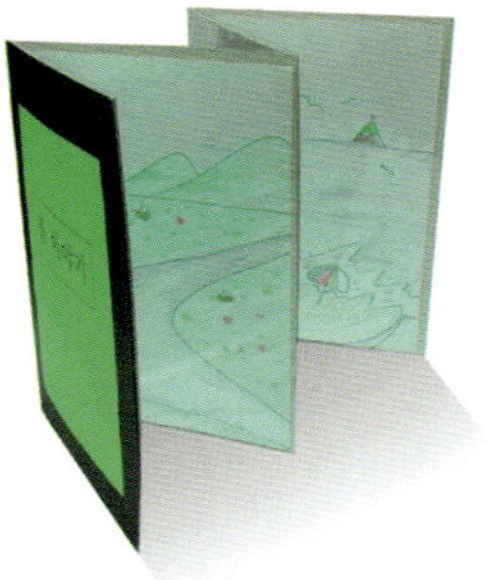

6. 언어 · 수 활동을 위한 매체제작

1) 언어 활동을 위한 매체 제작

(1) 카드

연령에 따라 카드의 크기와 글씨의 크기 등을 조절한다. 하드보드지를 적당한 크기로 잘라 필요한 그림이나 낱말을 붙이고 투명 시트지로 붙인다. 카드를 사용할 때는 글자를 익히는 것뿐만 아니라 언어적인 표현력에 더 중점을 두도록 한다.

① 같은 그림 카드, 같은 낱말 카드

예 같은 그림과 같은 낱말 카드 찾기, 그림에 맞는 낱말 카드 짝짓기, 서로 다른 점 찾기, 그림 보고 이야기 꾸미기, 그림과 단어를 이용하여 이야기 꾸미기, 관련 카드 짝짓기

② 반대말 카드

반대말 카드를 만들 때에는 단어의 의미가 잘 드러나는 구체물을 보여주는 것이 좋다.

③ 동음이의어

동음이의어를 처음 학습할 때에는 그림과 맥락이 함께 제시된 카드를 활용한다. 그림은 의미가 정확하게 드러나도록 하며, 동음이의어의 의미는 맥락 안에서 결정되므로 학습에도 실제 맥락을 활용한다.

④ 의성어와 의태어

의성어와 의태어는 말의 미묘한 차이를 느낄 수 있게 해주고 풍부한 언어생활을 가능하게 한다. 의성어나 의태어는 사람마다 다르게 표현될 수 있으므로 처음부터 한 가지 단어에 얽매일 필요는 없다.

예 의태어 카드 보고 행동으로 표현하기, 행동을 보고 어울리는 의태어 찾기, 카드가 설명하는 의성어 흉내 내기, 동물의 소리 듣고 해당하는 낱말 카드를 찾거나 동물 흉내 내기, 동시와 동요의 의성어와 의태어 다른 것으로 바꾸기, 느낌이 큰말과 작은말 짝짓기, 메모리 게임

⑤ 기타

생활용품 단어 카드, 위치를 나타내는 단어 카드, 역할에 어울리는 단어 카드, 단위를 나타내는 단어 카드, 합성어 카드, 특정 낱자나 글자로 시작하는 단어 카드, 특정한 책에 관한 단어 카드 등도 이용된다.

(2) 동시 짓기

〈준비물〉

보드판, 동시 카드(두꺼운 도화지, 투명 시트지), 빈 낱말 카드, 자석이나 벨크로

〈제작방법〉

① 사용하려는 동시를 한 행씩 쓴 것과 한 단어씩 분리되어 있는 카드로 구분하여 만든다.

② 학습목표가 되는 단어는 눈에 잘 띄도록 색깔이나 글씨체를 다르게 한다.

③ 수업에 활용되는 보드는 가능하면 동시의 느낌을 잘 살려줄 수 있는 배경으로 꾸민다.

〈활용방법(나무 타령)〉

가자가자 감나무 / 방귀뀌는 뽕나무 / 뽀뽀하자 쪽나무 / 따끔따끔 가시나무

거짓말 못해 참나무 / 바람 솔솔 소나무 / 떡 해먹자 떡갈나무 / 달 가운데 계수나무

① 교사는 나무 타령이 붙여진 판을 보여준다. 이때 나무 이름은 빈 카드로 제시한다.

② 보드에 주어진 것은 나무 타령이며 타령이란 노래를 의미한다는 것을 설명해 준다.

③ 알고 있는 나무 이름을 알아보고 칠판에 적는다.

④ 수수께끼를 통해 나무 이름을 맞춰 나무 타령을 완성한다.

⑤ 완성된 나무타령을 박자에 맞춰 불러 본다.

⑥ 색깔이나 꽃 등을 주제로 타령을 만들어 본다.

(3) 그림책 만들기

〈준비물〉

두꺼운 도화지, 투명 시트지(또는 코팅), 벨크로

〈제작방법〉

① 전체 이야기가 한쪽에 한두 문장 정도 들어가도록 쓴다. 이 때 사용되는 이야기는 아이들이 좋아하는 그림책이나 아이들이 꾸며 쓴 이야기를 활용하면 된다.

② 문장을 쓸 때, 문장 속에 들어가는 단어 중 학습하려는 단어를 그림으로 처리한다.

③ 그림과 문장이 모두 완성되면 투명 시트지를 붙이거나 코팅 처리한다.

④ 그림 크기에 적당하게 단어 카드를 만든다.

⑤ 이야기 판의 그림과 단어 카드에 각각 벨크로를 붙인다.

〈활용방법〉

먼저 유아들과 함께 책을 읽으며 그림을 무엇이라고 읽으면 좋은지 이야기 나눈다. 이야기를 다시 보면 그림 대신 글자를 사용한다면 어떤 단어를 사용하는 것이 좋은지 결정하고, 단어 카드를 찾아 그림 위에 붙이도록 시범을 보인다. 유아들은 그림에 어울리는 글자를 붙여 가며 이야기를 읽는다.

(4) 소리기둥 만들기

〈준비물〉

휴지심 2~3개, 이쑤시개 50개, 니퍼, 송곳, 종이테이프, 속재료(여러 가지 곡식, 모래, 작은 돌멩이, 방울, 구슬 등), 포장지, 두꺼운 도화지

〈제작방법〉

① 준비한 휴지심을 세로로 붙여 긴 원통 모양을 만든다.

② 미리 나선형으로 선을 그린 다음 송곳을 이용해 적당한 간격으로 구멍을 뚫는다.

③ 휴지심 반대편에 닿을 때까지 이쑤시개를 끼운 다음 밖으로 나온 부분은 잘라 낸다.

④ 이쑤시개를 넣은 부분을 종이테이프로 붙여 정리한다.

⑤ 휴지심의 한쪽을 막은 다음 준비한 속 재료를 넣고 다른 한쪽을 막는다.

⑥ 휴지심의 겉면을 포장지로 싼다.

〈활용방법〉

소리기둥은 다양한 소리를 듣고 표현하게 할 수 있게 하기 위한 교구이다. 속 재료나 흔드는 정도나 속도에 따라 서로 다른 소리가 만들어진다. 들리는 소리 표현하기, 느낌 표현하기, 안에 들어 있는 것 맞추거나 상상하기 등에 활용한다.

(5) 글씨 쓰기 판

〈준비물〉

집게, 파일판, 트리이싱 페이퍼, OHP 필름, 매직(또는 칼라시트지)

〈제작방법〉

① 파일판 위에 여러 가지 선(직선, 곡선, 지그재그 선 등)을 그리거나 그림, 글자 등을 써서 여러 장 준비한다.

② 파일판 크기에 맞게 트레이싱 페이퍼나 OHP 필름을 준비한다.

③ 사인펜, 크레파스, 유성매직, 수정액, 반짝이 풀, 립스틱 등 다양한 종류의 쓸거리를 준비하고 색깔도 여러 가지로 준비한다.

〈활용방법〉

유아들은 파일판 집게에 트레이싱 페이퍼나 OHP 필름을 끼우고 파일판에 쓰인 글자나 선들을 따라 써 본다. 다양한 쓰기재료를 활용함으로써 쓰기에 대한 흥미를 이끌어 내게 한다.

2) 수 활동을 위한 매체 제작

(1) 카드

① 그림 카드

유아 단계에서 학습될 수 있는 수 개념은 크게 수 이전 개념과 수 개념으로 나눌 수 있다. 그림 카드는 기본적인 수 개념뿐만 아니라 길이, 높이, 크기, 무게 등과 같은 수 이전의 개념에 대한 탐색과 비교 · 분류하기, 관련 짓기, 1대 1 짝짓기, 배열하기, 패턴 형성하기를 익히는 데에도 유용하게 활용된다.

예 같은 색깔 찾기, 같은 모양 찾기, 크기가 같은 것 찾기, 더 큰 것과 더 작은 것 구분하기, 같은 색깔끼리 분류하기, 두 개인 것 찾기, 카드의 그림처럼 늘어놓기, 카드의 그림처럼 구슬 꿰기, 큰 순서대로 늘어놓기 등

② 수 카드

수 개념을 학습하는 초기 단계에서는 그림과 수를 함께 활용한다. 카드에 숫자를 쓴 카드 이외에 모양대로 구멍이 뚫린 카드, 모래 글씨 카드, 숫자 모양 카드 등도 이용된다.

예 그림에 맞는 수 고르기, 수에 맞게 블록 쌓기, 더 크거나 작은 수 찾기, 덧셈과 뺄셈하기, 따라 쓰기거나 대고 그리기, 전화번호, 차 번호 만들기, 짝짓기 게임, 달력 만들기 등

(2) 숫자 집

〈준비물〉

하드보드지, 투명 시트지, 두꺼운 도화지, 벨크로, 여러 색깔 칼라 복사지

〈제작방법〉

① 하드보드지로 5각형의 집 모양을 오리고 뾰족한 쪽에 1부터 10까지 한 자씩 쓰고 시트지를 붙인다.

② 0 ~ 10까지의 숫자를 2벌 만들고 투명시트지로 붙이거나 코팅한다.

③ 집 모양판과 숫자 카드에 벨크로를 붙인다.

〈활용방법〉

두 장의 숫자 카드를 합해 지붕에 쓰인 숫자가 되도록 만든다. 덧셈과 뺄셈에 모두 활용된다. 수 개념이 형성되지 않은 유아를 위해 구체물이나 그림 카드를 병행한다.

(3) 패턴 만들기

〈준비물〉

왕지우개, 칼, 스탬프, 일정한 무늬가 있는 포장지, 하드보드지

〈제작방법〉

① 왕지우개에 무늬를 그려 칼로 조각한다. 무늬 대신 숫자나 자 · 모음을 새겨 사용해도 된다.

② 일정한 무의가 있는 포장지를 규칙성이 드러나도록 일정한 크기로 잘라 하드보드지에 붙인다.

③ 예로 사용할 무늬를 찍은 카드와 포장지를 잘라 만든 패턴을 만든다.

〈활용방법〉

미리 만든 카드를 보고 그대로 따라 찍기, 자유롭게 찍기, 규칙 정하여 찍기, 패턴 이용하여 조각 이불 완성하기, 숫자 도장으로 달력 만들기 등에 활용한다.

(4) 생일 케이크

〈준비물〉

하드보드지, 투명 시트지, 초 모양(큰 것 10개, 작은 것 10개), 벨크로, 리본 테이프, 숫자 카드, 가족 나이 카드

〈제작방법〉

① 초 모양을 그려서 오리고 코팅하여 벨크로를 붙인다.

② 하드보드지는 케이크 모양으로 잘라 색칠하고 투명 시트지를 붙인다.

〈활용방법〉

큰 초는 십의 자리를 표시하는 데 사용하고, 작은 초는 일의 자리를 표시하는 데 사용한다. 가족의 생일잔치를 한다고 가정하고 가족 나이 카드를 뽑아 나이에 맞게 초를 꼽게 한다. 반대로 꽂혀 있는 초를 보고 나이를 알아맞히게 할 수도 있다.

(5) 기타

수박 나누기, 숫자 상자, 보드게임판, 회전판, 숫자 책 만들기, 긴 것에 대한 책, 전화번호 책 만들기 등

7. 책 만들기

1) 책 만들기의 개념

책 만들기와 관련하여 북아트, 예술 제본, 메이킹북, 팝업북 등 다양한 용어들이 혼용되어 사용되고 있다.

북아트는 프랑스어로 미술가의 책이라는 의미를 가지고 있다. 넓게는 책과 미술의 결합을 통칭하지만 좁게는 책의 내용을 미술가들이 삽화나 그림으로 옮긴 것, 또는 책에 그려진 장식 그림을 의미하기도 한다. 그 시초는 중세의 성서 필사본에 삽입된 삽화에서 시작된 것으로 알려지고 있다.

그러나 현대에 들어오면서 북아트는 그 개념이 확장되어 단순히 미술가의 책이 아니라 책의 형식을 취한 시각 미술작품을 총칭하는 용어로 쓰이고 있다. 예술 제본은 북아트의 한 영역으로 책을 영구히 보전하기 위한 목적에 장식적인 의미가 덧붙여진 용어이다. 팝업북, 혹은 입체북은 종이를 이용하여 입체적으로 움직이고 튀어 오르게 만든 그림책을 말한다.

우리나라에서는 아직 대중성이 확보되지는 않았지만 현대사회가 창의성과 개성을 중시하게 되면서 나만의 독특한 것, 유일한 것을 갖고 싶어 하는 욕구가 높아지면서

관심이 높아지고 있는 형편이다.

여기에서 논의되는 책 만들기는 예술 제본이나 북아트의 개념을 의미하지는 않는다. 책 만들기는 장르와 분야를 망라하고 내용과 형식에 있어서 매우 다양하게 활용되고 응용될 수 있다.

2) 책 만들기의 교육적 효과

책은 읽고, 보고, 만지고, 느끼는 가운데 이루어지는 정서적 행동의 반응체로서 어린이들의 언어발달과 성장에 매우 중요한 역할을 담당하고 있다.

그러나 독자는 늘 책을 선택하고 수용하는 위치에 놓일 수밖에 없다. 책 만들기는 독자가 직접 책을 만드는 과정을 통해 시공간 감각발달과 상상력을 발달시킬 뿐만 아니라, 책과 관련한 직접적이고 구체적인 활동을 하게 함으로써 보다 적극적인 내적 동기를 이끌어 낼 수 있는 방법이다. 책은 다른 사람들의 상상력과 예술적 감성을 경험하고, 이를 자신의 생각과 생활 속에 끌어들여 또 다른 세계를 설계하고 창조할 수 있는 즐거움을 제공한다.

책 만들기의 목표는 책을 만드는 일련의 과정을 통해 읽고 쓰기를 즐기고, 이를 바탕으로 논리적이며 독창적인 언어적, 미적 표현을 창조할 수 있는 토대를 마련하는 것이다. 또한 주어진 책을 수동적으로 받아들이기만 하는 것이 아니라, 개인의 생각과 표현을 존중하고 자연스럽게 드러낼 수 있는 작가적인 경험을 통해 창의적인 언어 활동에 활력을 주게 하려는 것이다.

3) 책 만들기의 유의점

책 만들기는 아이들이 직접 책을 만드는 작업이다. 그렇지만 활동에 집중한 나머지 내용을 소홀히 하지 않도록 주의해야 한다. 또한 책의 내용을 그대로 옮기는 것보다는 자신의 창의적인 아이디어나 감상을 담을 수 있어야 한다. 완성도가 높은 작품을 만드는 것보다는 아이의 참여를 이끌어 내는 것이 더 중요한 과제이므로, 교사의 도움을 가급적 적게 주고 아이 스스로 할 수 있도록 한다. 책 만들기는 독서 활동이라는 특별한 영역에 해당되는 것은 아니며, 다양한 활동에 응용될 수 있다는 점도 기억해야 한다.

4) 준비물과 기본 용어

(1) 준비물

① **종이** : 머메이드지를 가장 많이 사용하지만 주름지, 타공지, 양면 포장지, 한지, 패브릭, OHP 필름 등도 활용된다.

② **폴더** : 종이를 쉽게 접거나 완전히 접착되도록 하기 위해 사용한다. 재질은 나무나 플라스틱 폴더를 많이 사용하며 상아를 사용하기도 한다.

③ **칼받침** : 종이 등을 자를 때 받침으로 사용한다.

④ **아일렛과 아일렛 심** : 책에 견고한 구멍을 낼 때 사용한다.

⑤ **끈** : 리본 끈, 지끈, 실 등

⑥ **풀** : 고체풀, 목공풀, 본드

⑦ **자** : 30cm 플라스틱자, 쇠자

(2) 기본 용어 해설

① ———————— 자르는 선

② -------------------- 안으로 접기

③ -·-·-·-·-·-·-·-·-·- 밖으로 접기

④ ////////////////////// 풀칠하기

5) 책 만들기의 실제

책 만들기에서 사용되는 종이는 4절지(542mm × 392mm) 머메이드지를 기본으로 한다. 칼라 복사지는 A4를 기본으로 한다. 특정한 색의 종이가 필요할 때만 종이의 색을 표시하였다. 기본 준비물인 풀, 가위, 칼 등은 따로 언급하지 않는다.

(1) 기본 책 접기

① 4쪽 접기

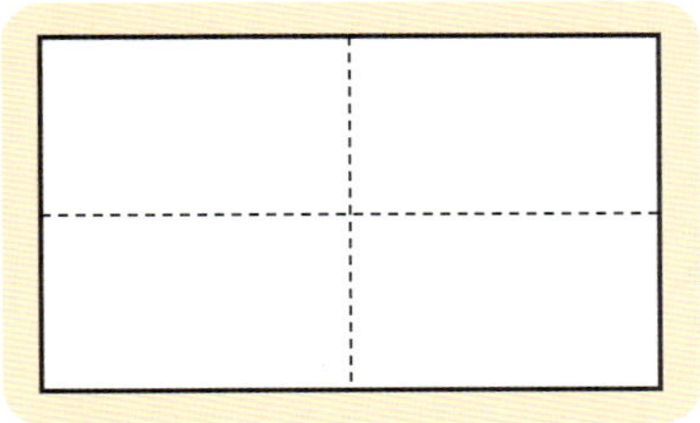

② 4쪽 접기

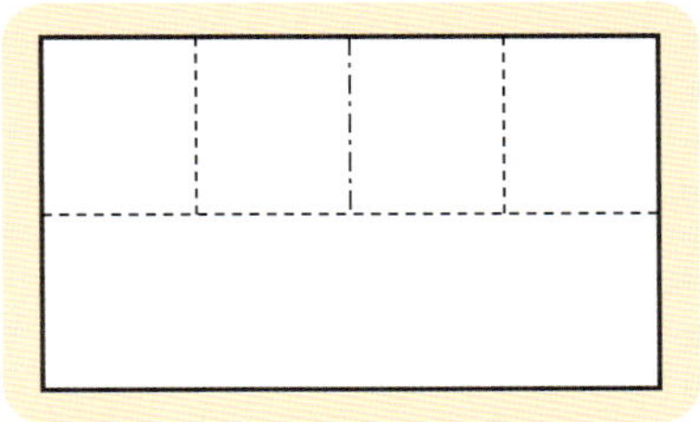

③ 6쪽 접기

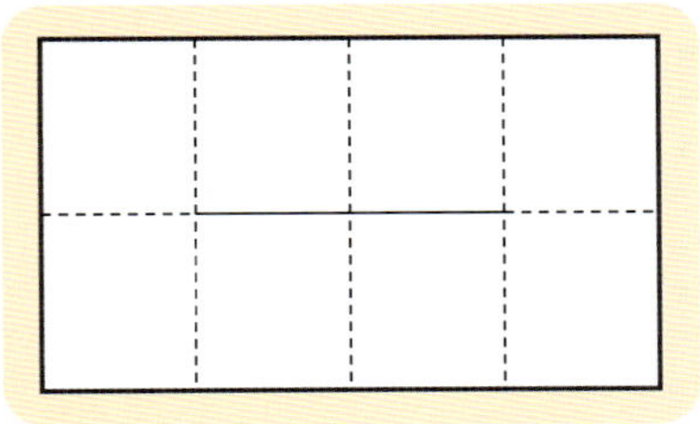

④ 8쪽 접기

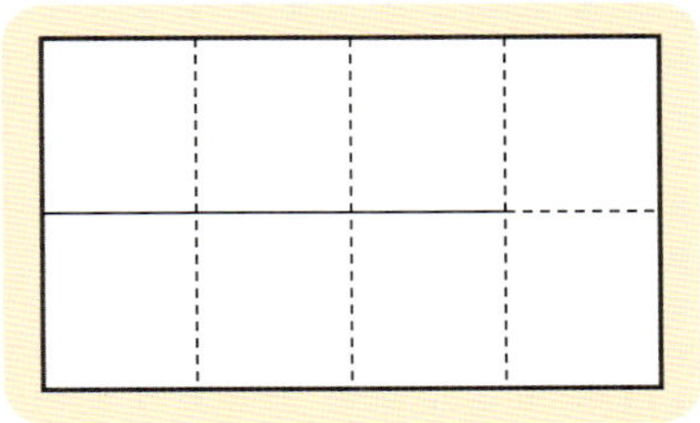

⑤ 8쪽 접기

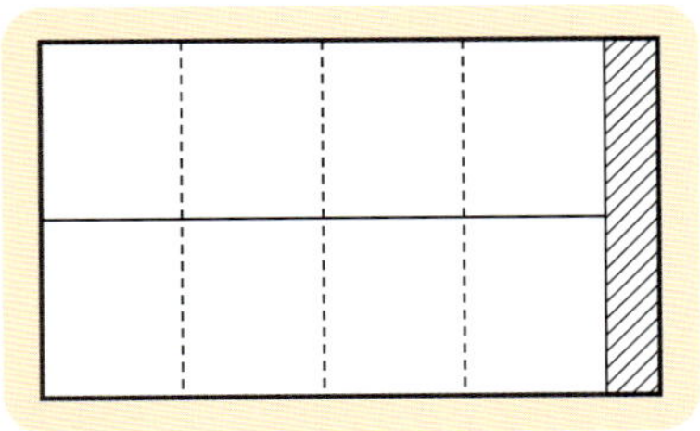

⑥ 12쪽 접기

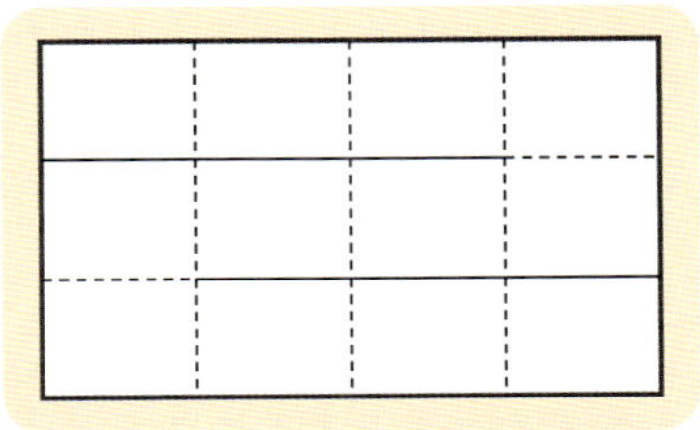

⑦ 16쪽

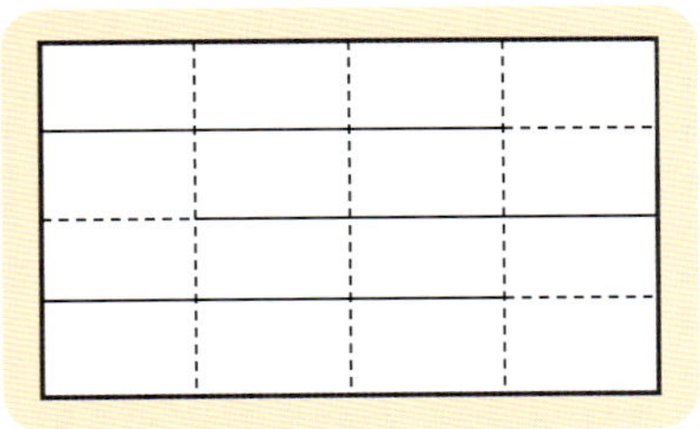

(2) 말하는 사람

〈준비물〉

머메이드지 1/2장, 칼라복사지, 움직이는 눈(또는 부직포나 눈 모양 스티커)

〈제작방법〉

① 기본책 접기 1을 이용하여 4쪽으로 접는다.

② 종이를 세로로 길게 접은 상태에서 입이 될 부분과 코가 될 부분을 자른다. 책의 형태를 가로로 할 것인지, 세로로 할 것인지에 따라 입과 코를 오리는 방향을 정한다.

③ 접은 부분을 다시 펴서 코와 입이 입체적으로 살아나도록 접는다.

④ 눈을 붙이고 말 주머니를 붙여 내용을 써 넣는다.

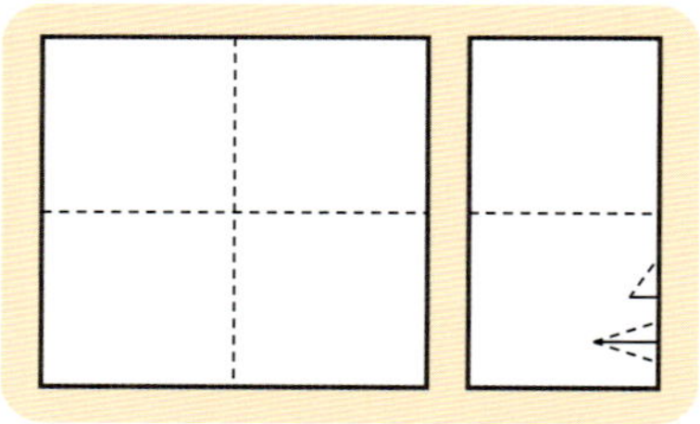

(3) 축하 카드

〈준비물〉

머메이드지, 칼라복사지

〈제작방법〉

① 2쪽짜리 카드를 만든다.

② 칼라 복사지는 카드의 크기보다 사방 0.5mm~1cm 작게 자른다.

③ 칼라 복사지를 반 접어 원하는 모양이 나오도록 자른다.

④ 칼라 복사지를 카드 안에 붙이고 내용을 쓴다.

(4) 깃발책

〈준비물〉

머메이드지 1장

〈제작방법〉

① 준비한 종이를 가로로 반 잘라 그중 하나는 4쪽으로 접고, 나머지 하나는 8등분으로 자른다.

② 2쪽과 3쪽 부분을 각각 4등분하여 접는다. (아래 그림)

③ 접은 부분이 부채 모양이 되도록 지그재그로 정리한다.

④ 부채 부분에 잘라놓은 카드를 붙인다.

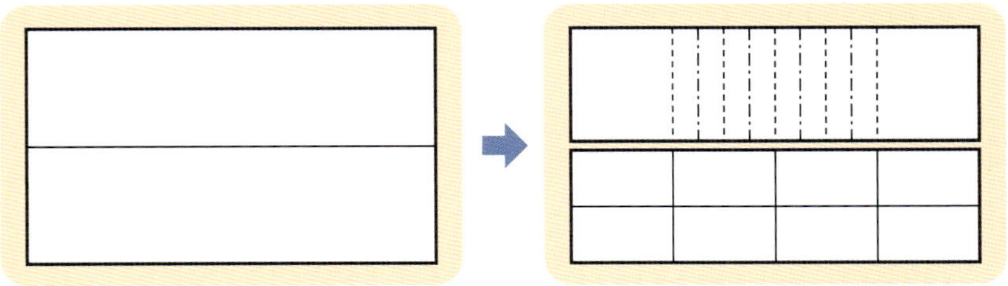

(5) 무대책

〈준비물〉

머메이드지 1장 반, 리본 끈, 아일렛, 아일렛 심

〈제작방법〉

① 기본 책 접기 5번을 이용하여 8쪽짜리 책을 만든다.

② 책 내용을 쓴다. 바탕 종이가 너무 진한 색일 경우에는 칼라 복사지에 써서 붙일 수도 있다.

③ 무대가 될 부분을 잘라 붙인다.

④ 팝업될 부분을 붙인다.

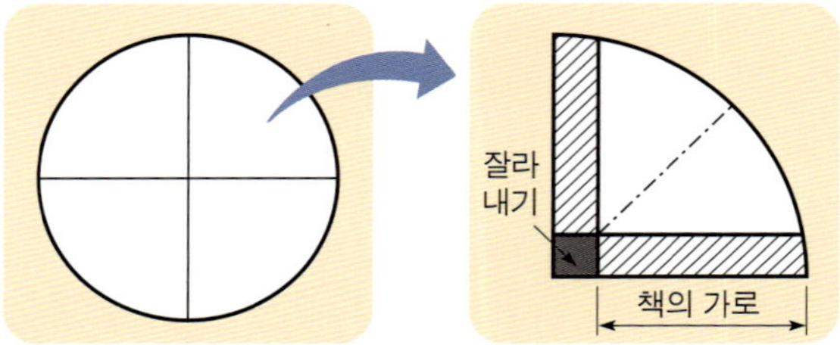

⑤ 앞뒤 표지에 구멍을 내고 아일렛 심을 끼우고 리본을 묶어 완성한다.

(6) 전통책 묶기

〈준비물〉

A4 복사지(또는 한지) 5장, 두꺼운 도화지 8절 1장, 한지 8절 2장, 송곳(또는 펀치), 간르고 질긴 끈(책 세로 길이의 3배)

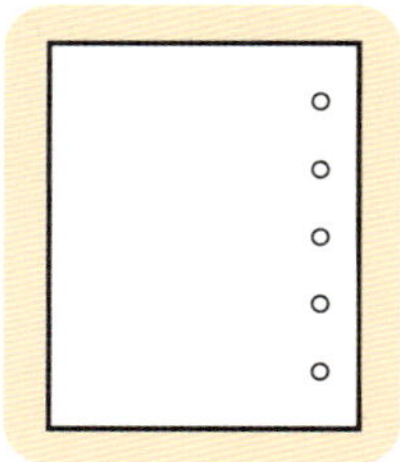

〈제작방법〉

① 준비한 복사지는 반으로 접는다.

② 두꺼운 도화지는 반으로 접은 복사지 크기로 자른다.

③ 한지로 두꺼운 도화지를 싼다.

④ 한지로 싼 두꺼운 도화지 사이에 접은 복사지를 끼운다.

⑤ 그림처럼 책의 왼쪽에 구멍을 5개 뚫고 전통책을 묶는 방법에 따라 묶는다.

(7) 별자리 책 1(삼각책)

〈준비물〉

머메이드지 1장(검은색), 별 스티커, 별자리 판, 이쑤시개, 목공풀, 축광가루, 칼라복사지 1장(검은색과 어울리는 색), 벨크로

〈제작방법〉

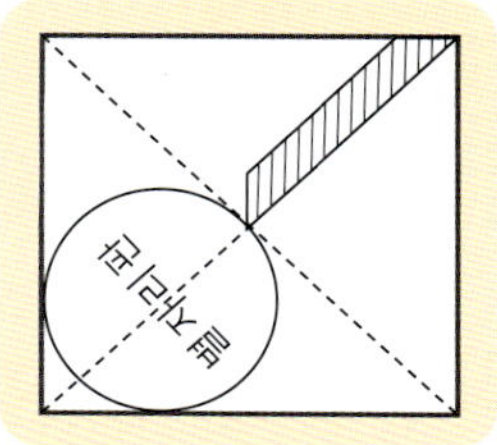

① 축광가루와 목공풀의 비율이 1 : 1이 되도록 혼합한다.

② 별자리 판에 위의 준비한 재료를 이쑤시개에 묻혀 찍는다.

③ 별자리 판의 크기에 맞추어 검은색 종이를 준비한다.

④ 종이를 그림처럼 오리고 접는다.(아래 그림)

⑤ 별자리 판, 별자리에 대한 소개를 붙인다.

⑥ 축광가루와 별 스티커를 이용하여 표지를 꾸민다.

⑦ 벨크로를 붙여 책이 벌어지지 않도록 한다.

(8) 별자리 책 2

〈준비물〉

머메이드지 1장(검은색), 별 스티커, CD케이스 6장

〈제작방법〉

① 머메이드지를 가로로 1/3로 잘라 그림처럼 접는다.

② CD케이스에 들어가도록 나머지 머메이드지를 자른다.

③ 위에서 자른 종이에 CD케이스의 비닐을 통해 보이도록 별 스티커로 별자리를 붙인 다음 CD케이스 안에 넣는다.

④ 별자리 이름을 쓴다.

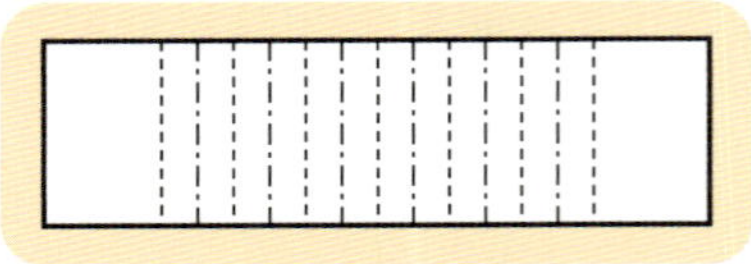

(9) 색깔책

〈준비물〉

머메이드지 여러 색깔(색깔이 다양할수록 좋음), 아일렛, 아일렛 심, 리본끈

〈제작방법〉

① 여러 가지 색깔의 머메이드지를 가로 세로, 20cm×20cm 크기로 자른다. 종이의 크기는 만들려고 하는 책의 크기에 따라 자르면 된다.

② 준비한 종이를 그림처럼 접는다.

③ 접은 종이를 서로 연결하여 붙인다.

④ 표지에 구멍을 내고 리본끈을 끼운다.

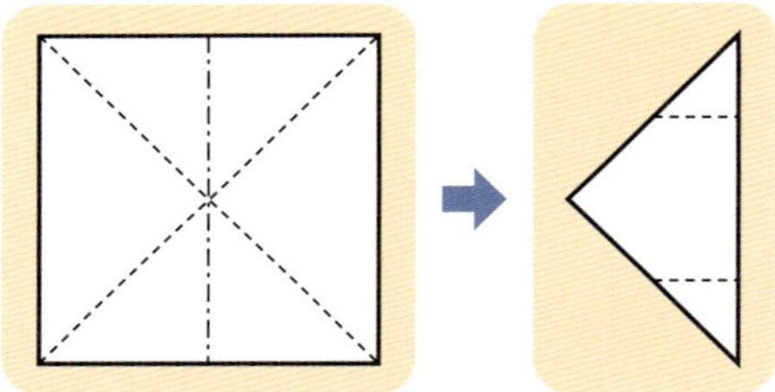

색깔책 사진

Chapter 07

교수-학습유형

1. 교수–학습의 구조

1) 일제학습

일제학습이란 한 사람의 교사가 많은 학생들을 대상으로 일시에 같은 장소에서 같은 내용을 같은 속도로 교수해 가는 형태를 말한다. 많은 학생을 같은 수준으로 보거나 아니면 중간수준의 학생을 기준으로 획일적으로 가르치는 것이다.

이는 가장 전통적인 교수형태로, 시간을 단축하고 대량교수와 교수의 능률을 올릴 수 있다는 이점이 있다.

2) 개인학습과 개별학습

(1) 개인학습

교사와 학생 간에 1대 1의 관계에서 이루어지는 가장 원시적인 방법이다. 일제학습의 정반대 개념으로 부모가 자녀를 가르치거나 가정교사가 한 학생을 가르치는 형태이다.

(2) 개별학습

교사와 학생 간이 1대 1인 경우도 있고, 1대 다수학생의 관계에서도 이루어지는 학습의 방법이다. 다만 개별학습은 학생의 취향과 능력에 따라 공부해 가는 것이다. 많은 학생이 한꺼번에 같이 공부하고 있으나, 각자가 자기의 능력에 따라 자기에게 적합한 속도로 학습해 가는 것을 집단 개별학습이라 한다.

3) 개별화 학습의 형태

(1) 종래의 학습 편성을 유지하면서 개별화하는 방안

일제학습의 비효과성을 극복하기 위하여 개발된 방안으로 다음과 같은 다양한 종류의 형태가 있다.

① 수업연한을 조작해서 아동의 능력에 적응시키려는 방법 : 예를 들면, 보통아를 대상으로 하는 과정과 우수아를 대상으로 하는 두 가지 과정을 마련하여, 보통 학생은 매 학년 6단위를 이수하고, 9년에 우수 학생은 매 학년 8단위를 이수하여 7년에 교육 과정을 마치게 하는 것이다.

② 교육내용의 난이도에 따라 등급을 정하여 각 과정별로 단계를 만드는 방법

③ 수업을 보충할 수 있도록 보조교사를 두는 방법

④ 진급제도를 변형시키는 방법 : 학년마다 진급을 3개월마다 시행하여 학급을 편성한다.

⑤ 지능별에 의한 고정적인 학습편성을 하는 방법 : 입학 전 학생들에게 지능검사를 시행하여 지능에 따라 학급을 편성하고, 각 학급에 각기 다른 교육 과정을 준비하는 방법이다.

(2) 학급을 해체한 개별화 학습

❶ Burk's Individual System

학생들에게 각 교과의 공부할 내용을 주어 각자가 그 내용에 따라서 학습하게 하고 시험을 보고 진급을 시키는 학습의 형태이다. 학급단위의 수업은 진행되지 않는다.

❷ Dalton Plan

공부할 교재나 계약표(contract table)를 활용하는 완전한 개별학습방법으로, 'Burk's Individual System'을 더욱 발전시킨 방법이다. 교재가 단원으로 구분되어 있으며 학생들은 1개월 또는 1주일 분량으로 정해서 신청을 하게 된다. 학년은 없으며 교과별

로 교실수업이 있고 과목의 교사가 항상 있어 질문이 가능하며, 정한 계획량을 마치면 그 수업은 끝나게 된다.

❸ Winnetka System

교육 과정을 공통적 기본 과정과 집단적 창조 활동으로 구분하며, 공통적 기본 과정의 교육내용은 몇 개의 단원으로 묶고 각 단원에 대한 정밀한 작업표를 붙여 이 작업표에 따라 자기의 능력에 맞도록 개별학습을 시행하며, 집단적 활동은 사회화된 자기표현 활동으로 학생의 흥미와 능력에 따라 실시하는 학습의 형태이다.

(3) 개별화 학습방법의 문제점

① 학생 스스로 학습하는 데 필요한 효과적인 자습서, 참고서를 만들기가 쉽지 않다.

② 학습의 속도와 양의 측면만을 주목하고 학생의 흥미나 학습동기나 태도 등은 경시하고 있다.

③ 교사의 지도적 역할이 경시되고 있다.

④ 교육내용보다는 방법에 강조를 두고 있다.

⑤ 학생의 성장은 다양한 집단생활을 통해서도 이루어진다는 점을 소홀히 취급하고 있다.

⑥ 교육의 의미를 지식기능에만 두는 사고방식으로 인성교육을 도외시하게 된다. 따라서 학생들이 이기주의적인 경향을 갖기 쉽다.

2. 교수-학습의 방법

수업의 방법이란 학습목표에 맞는 내용을 효과적으로 전달하고 학습활동을 지원하기 위하여 사용하는 방법을 의미한다. 대면 상황에서는 가장 일반적으로 사용되는 것이 강의, 토론, 사례분석이며 이 외에도 협력학습, 문제중심학습 등 다양한 방법들이 있다.

1) 강의법(Lecture)

(1) 특 징

학교교육에서 가장 많이 행해져온 방법으로 교사가 주도적으로 학습자들에게 정보를 전달하는 형태의 수업방법이다. 일방적인 커뮤니케이션(one-way communication)에 기초한다.

(2) 진행 과정

❶ 도입단계

학습자와 교사 간의 학습분위기 형성과 학습전개 방향을 제시하는 단계이다. 강의 시작 전 강의에 적극적으로 참여하고자 하는 동기를 유발시키는 것이 학습자의 학습활동뿐 아니라 교사의 강의진행에 큰 도움이 된다.

총 학습시간의 5~10%를 차지하는 것이 적절하다.

㉠ 주의집중

학습자로 하여금 교사 자신이나 학습할 내용에 관해 주의를 집중시키는 단계로, 교사는 학습자들이 관심을 가질 수 있는 이야기를 하거나 질문을 하는 방법을 사용할 수 있다. 특히 질문화법을 활용하는 것은 학습자의 사고를 자극하여 학습효과를 높이는 방법이 된다. 질문을 하는 데는 〈표 7-1〉과 같은 다양한 방법이 있다.

〈표 7-1〉 다양한 질문방법

구분	특성
모두에 대한 질문	특정인을 지정하지 않고 모두에게 하는 질문
개인지명 질문	학습자 중 한 사람을 지정하여 하는 질문
유도질문	교사가 기대하고 있는 방향으로 생각을 이끌고자 하는 경우에 하는 질문
확인질문	사실을 확인하거나 상대방의 의견을 확인할 때 하는 질문
연결질문	교사가 직접 답을 하지 않고 다른 학생에게 답을 하도록 시킬 때 하는 질문

구분	특성
되묻는 질문	학생에게 나온 질문을 다시 본인에게 되묻는 질문
계기를 만드는 질문	다음 주제로 넘어가거나 학생들이 토론할 수 있는 계기를 만들기 위한 질문
폐쇄질문	질문의 범위가 한정된 질문의 형태
열린질문	다양하고 독특한 대답이 나올 수 있는 질문의 형태

학생들에게 질문을 할 때는 질문할 적절한 시기를 생각하고, 학습계획에서 이탈된 질문을 하지 않는다. 또한 특정인에게 반복적으로 질문하지 않아야 하며 질문에 대한 답이 오답일 경우 감정적으로 반응하지 않는다. 한 번에 하나의 질문을 하는 것을 원칙으로 하고, 공격적인 질문은 절대로 하지 않는다.

교사가 질문을 받을 때에는 어떤 종류의 질문이든 일단 모두 받아들이고, 응답이 어려운 경우 모르겠다는 말을 하는 데 주저해서는 안 된다. 그리고 질의응답은 논쟁과 다르다는 점을 항상 인식한다.

㉡ 학습개요

학습자들이 학습에 대한 전체적인 그림을 그릴 수 있도록 학습범위, 전개방법, 대략의 학습내용 등을 제시한다.

❷ 전개단계

도입단계의 주의집중, 동기부여를 통해 형성된 학습분위기를 바탕으로 학습개요 순서에 따라 강의내용을 구체적으로 설명하는 단계이다.

총 학습시간의 약 80~90%를 차지한다.

㉠ 내용전달

강의내용은 논리적, 체계적으로 조직되어야 한다. 내용은 전체내용에서 부분적인 내용으로, 간단한 내용에서 복잡한 내용으로, 일반적인 사례에서 변형된 사례로 전달하는 것이 일반적이다. 내용 각 부분들이 연관성이 있게 제시되어야 하며, 중요한 사항을 강조해 주어야 한다. 지속적인 동기부여를 계획해야 하며, 질의응답 시간을 반드시 마련한다.

㉡ 학습자의 참여유도

학습자의 참여를 유도하기 위하여 일방적인 내용의 전달이 아닌 문제를 주어 함께 참여한다는 식으로 수업을 진행한다. 구체적으로 질문을 던져 여러 가지 대답이 나오도록 분위기를 조성하고 유머, 시각자료 등을 통하여 지속적으로 관심을 유지하도록 한다. 소집단 활동을 통하여 학습자 스스로가 학습성과를 이끌어 내는 방법도 효과적일 수 있다.

❸ 정리단계

전개단계에서 검증되고 설명되어진 사실들을 간략하게 간추리는 단계이다.
총 학습시간의 5~10%를 할애하는 것이 적절하다.

㉠ 요 약

전개단계에서 설명된 많은 내용 중 특히 강조할 만한 내용만 간추려서 강조한다.

㉡ 재동기부여

태도나 행동의 변화로 이끄는 중요한 단계로, 학습한 내용이 정말 중요하고 필요하다는 점을 깨닫게 한다.

㉢ 결 어

학습자들에 대한 감사의 표시 및 참고서적에 대한 소개, 개인적인 이야기들을 할 수 있는 단계이다. 전개단계에서 언급되지 않은 새로운 사실을 언급하거나 긴 시간을 할애해서 지루하게 해서는 안 된다.

(3) 장점과 단점

강의법은 적은 비용으로 다수의 학생들을 가르칠 수 있다는 점에서 경제적인 수업의 방법이라 하겠다. 그러나 교사에 의하여 일방적인 수업전달이 될 가능성이 커 학생들을 비참여자로 만들기 쉬우므로, 교사와 학생 간의 상호작용이 활발하게 일어나지 않는다. 그 외 강의법의 장점과 단점은 〈표 7-2〉와 같다.

(4) 강의 시 유의점

① 목적과 목표를 정확하게 제시한다.

〈표 7-2〉 강의법의 장점과 단점

장점	단점
• 적은 비용으로 다수의 학습자를 대상 • 다양한 정보의 전달이 가능 • 짧은 시간 내에 많은 내용을 전달 • 낮은 수준의 학습에 적합 • 친밀한 방법	• 획일적 교수방법 • 학생의 수동적인 자세 • 학습자의 개인차이 무시 • 과다한 정보제공 • 지속적 흥미유지의 어려움 • 교사의 지식과 기술이 절대적 영향력을 가짐 • 학습내용을 비판적으로 받아들이지 않는 경향

② 교사 매뉴얼을 제작하고 그 내용을 숙지하고 강의를 진행하며, 교사의 자질을 끊임없이 연마하여야 한다. 새로운 지식과 정보를 수집하고 미래의 경향을 파악하는 통찰력이 필요하다.

③ 학습자의 성장발달을 고려하여 언어를 선택하고 사용한다. 강의 전 학습자들의 특징과 수준을 파악하여 이에 맞는 용어를 사용하고 교육내용의 수준을 조절한다.

④ 시청각 보조교구를 병행하여 사용한다. 그러나 너무 과용하면 학습효과가 감소되므로 1분에 1개 정도를 활용하는 것이 적절하다.

⑤ 목소리의 크기, 속도, 발음에 주의하며 학습자가 생각할 여유를 가질 수 있도록 진행한다. 긴장한 상태에서는 목소리가 빨라지는 경향이 있으니 긴장하지 않도록 주의하며, 강의자료를 읽지 말고 자연스러운 대화체를 사용한다.

⑤ 학습자들이 질문할 기회를 주고 이해정도를 살피면서 진행한다. 문제를 주어 함께 생각하는 식으로 강의를 진행하며, 끊임없이 학습자이 반응에 주의를 기울이는 것이 바람직하다.

⑥ 학습자의 참여를 유도하고 다양한 상호작용을 제공할 수 있도록 계획하고 강의를 진행해야 한다. 다양한 질문을 통해 학생들이 학습내용을 제대로 이해하고 있는지를 확인하고 토론, 사례분석방법을 강의 진행 중간에 선택적으로 투입하

면 다른 수업방법의 조합보다도 높은 교육효과를 가져올 수 있다.

2) 토의법(Discussion)

(1) 특 징

학습자와 학습자, 학습자와 교수자 사이에 정보나 아이디어, 의견 등을 나누기 위해 서로 이야기하거나 함께 문제를 해결해 나가는 탐구 과정이다. 학습자의 적극적 참여와 역할을 강조하는 학습자 중심의 교수방법으로 독특한 주제나 아이디어를 발굴해 내거나 집단의 참여촉진, 문제에 대한 안목의 확장, 타인에 대한 입장이나 견해를 이해하는 데 활용될 수 있다.

(2) 유 형

❶ 분임토의(Small group discussion)

학습자들을 여러 개의 소집단(분임)으로 나누어 각 소집단의 조원이 토의 과정을 통해 주어진 주제에 대한 문제점을 분석하고, 해결방안과 행동들을 모색하여 이를 발표하고 토의하는 기법이다.

❷ 원탁토의(Round-table discussion)

토의의 가장 기본적인 형태로, 보통 5~10명 정도의 소규모 집단에 적합한 토의로 참가자 전원이 상호 대등한 관계 속에서 자유롭게 서로의 의견을 교환하는 토의이다.

❸ 공개토의(Forum)

1~3인의 전문가가 10~20분간 공개연설을 한 후에 이 내용을 중심으로 참가자들과 질의응답하는 방식의 토의이다.

❹ 단상토의(Symposium)

토의주제에 대하여 권위 있는 전문가 몇 명이 각기 다른 의견을 공식 발표한 후에,

이를 중심으로 교수자가 토의를 진행하는 방식을 의미한다.

❺ 버즈토의(Buzz discussion)

3~6명으로 편성된 집단이 주어진 주제에 대해 6분 가량 토의를 하는 형태이다.

❻ 배심토의(Panel discussion)

특정 주제에 대해 상반되는 견해를 가진 배심원들과 학습자들이 교수자의 진행에 따라 토의하는 형태이다.

(3) 진행 과정

❶ 준비단계

㉠ 토의주제와 유형을 선정한다. 토의식 수업의 목적을 명확하게 설정하고 이에 맞는 주제와 유형을 선정한다. 이 때 학습자의 수준, 관심 정도, 교과내용의 맥락 등을 고려해야 한다.

㉡ 토의시간계획을 세운다.

㉢ 토의에 필요한 자료를 준비한다.

㉣ 토의가 가능한 환경을 조성한다. 최적의 집단크기를 결정하는 것이 필요한데 일반적으로 3~10명이 적절하다. 또한 적절한 좌석배치 형태를 선정한다.

❷ 토의진행단계

㉠ 학습자의 동기를 유발한다. 교수자는 학습자에게 토의의 핵심이 무엇인지, 그리고 학습자의 역할이 무엇인지에 대하여 정확하게 설명해 주어야 한다.

㉡ 자연스러운 토의를 진행한다. 이를 위해서는 목적에 초점을 둔 토의가 이루어질 수 있도록 유의하며, 편안하고 개방적인 분위기를 조성한다. 또한 토의진행을 방해하는 요인들을 신속히 파악하고 적절히 통제한다.

㉢ 토의가 진행되는 동안 교수자의 역할은 다음과 같다.

- 문제, 새로운 아이디어, 의견의 제시

- 관련된 분야나 확인된 사실 등에 대한 정보수집 및 제공
- 토의의 준거설정
- 토의내용의 명료화 / 종합화 / 요약화 / 정교화
- 토의방향의 제시 및 변화 추구
- 학습자의 토의에 대한 의견확인
- 토의주제로부터의 학습자 이탈방지
- 학습자의 질문에 대한 긍정적 피드백 제공

〈표 7-3〉 토의법의 장점과 단점

장점	단점
• 학습자의 능동적 참여 • 교사, 학습자 간의 상호작용 증진 • 이해력 발달 • 의사결정, 문제해결 능력 배양	• 철저한 계획과 평가기술 필요 • 학습자 전원의 고른 참여가 불가능 • 토의진행에 대한 관리의 어려움 • 많은 시간이 소요됨 • 소수의 의견이 무시될 수 있음

❸ 토의평가단계

토의의 목적달성 여부를 확인하고 학습자에게 피드백을 제공하는 단계이다.

㉠ 토의의 진행상태와 과정이 어떠했는지에 대한 평가를 한다.

㉡ 토의를 정리하고 결론을 도출한다.

(4) 장점과 단점

토의법은 집단적 사고에 의해 보다 정확하고 광범위한 정보를 얻는 것이 가능하며, 집단의 의견에 따르고 협력하는 태도를 길러줄 수 있다. 그러나 토의법을 효과적으로 활용하기 위해 교사는 토의진행을 위한 철저한 계획과 관리에 최선을 다해야 한다.

(5) 토의 시 유의점

① 소집단별로 토의를 진행하는 것이 더 많은 학습자들의 참여기회를 가질 수 있으며, 토의주제를 보다 쉽게 다룰 수 있다.

② 교수자는 토의의 주제에 대하여 풍부한 정보를 가지고 있어야 한다.

③ 적절한 질문을 사용한다. 이는 학습자의 능동적 참여에 중요한 영향을 미친다.

③ 적절한 개별적인 또는 집단적인 피드백을 제공한다.

④ 토의 전 학습자의 경험, 지식 정도를 파악하여 이를 충분히 토의에 활용한다.

3) 문제중심학습(Problem Based Learning)

(1) 특 징

실제로 발생하는 문제와 상황을 중심으로 교수-학습을 구조화한 교육적 접근으로서, 학습자들이 문제를 협력적이고 자기주도적으로 해결해 가는 과정을 통해서 내용에 대한 학습, 비판적 사고력과 협력기능을 기르도록 하는 교수-학습 형태이다. 문제중심학습의 핵심적인 주요요소는 협력학습이다.

(2) 진행 과정

❶ 문제의 제시

학습자 자신이 문제를 발견하고 선택하거나 교사가 제시하고 설명한다.

❷ 해결법의 계획

어떻게 해결할 것인가에 대한 계획을 세운다.

❸ 자료수집

참고문헌 검토, 실험, 사물관찰 등의 자료수집을 한다.

❹ 해결방법의 실시

문제해결의 실질적인 활동을 전개한다. 활동의 중심은 교사가 아니라 학습자가 되어 자주적인 활동을 한다.

❺ 정리 발표 및 비판

학습자들은 누적된 경험을 정리 보고하고, 학습 과정 중에서 개선될 필요가 있는 영역을 확인한다.

(3) 장점과 단점

학습자에게 어떤 문제를 제시하고 그 해결 과정을 통하여 지성을 종합적으로 성장시키도록 하는 것이 문제중심학습법이다. 다른 수업의 방법에 비하여 실생활과 가장 밀접한 관련을 지닌다고 볼 수 있다. 그러나 시간과 노력이 많이 투자되어야 한다는 단점이 있다.

〈표 7-4〉 문제중심학습의 장점과 단점

장점	단점
• 문제해결의 자율성 향상 • 실생활과 밀접 • 협동적인 학습생활에 의한 민주적인 생활태도 배양	• 계통적 기초학력을 기르기 어려움 • 학습의 노력에 비하여 지적 성숙이 느림

(4) 지도상의 유의점

① 학습자가 현재의 문제에 대하여 명확하게 인식하도록 지도한다.

② 명료한 가설을 적용시키며 적용할 수 있는 일반적 법칙 내지 원리를 상정시킨다.

③ 편견을 피하고 조급한 결론을 내리는 태도를 배제시킨다.

④ 사고 과정을 적절히 지도하여 문제해결을 위한 자료를 조직하게 한다.

⑤ 결론을 검증시킨다.

(5) 적 용

문제중심학습법은 보건교과수업에서 지식의 습득뿐 아니라 심사숙고, 의사결정, 분석, 자기주장, 거절 기술을 습득하는 데 효과적으로 활용될 수 있는 수업의 방법이다. 흡연의 예를 들어 문제중심학습법이 어떠한 과정으로 진행되는지를 살펴보도록 하겠다.

❶ 1단계 : 문제를 제시한다.

교사는 한 장의 종이에 다음과 같은 문제를 적어 학생들에게 제시한다.

❷ 2단계 : 영수가 말할 수 있거나 행동할 수 있는 것들을 제시한다.

❸ 3단계 : 제안들을 검토한다.

학생들은 아직 흡연에 대해 아는 점이 없으므로 학생들은 다음과 같은 점들을 살펴볼 필요가 있다

이러한 연습을 하는 목적은 특정한 내용을 학습시키려고 하는 것이 아니라, 기술을 강화하기 위함이다. 이 단계는 한 교실의 학생 전체가 한꺼번에 참여할 수도 있으며, 소집단 토의, 협동학습, 개별학습의 형태로 진행될 수도 있다. 교사는 이 단계에서 학생들의 탐구능력을 평가한다.

❹ 4단계 : 얻은 정보들을 영수의 문제에 맞추어 본다.

❺ 5단계 : 해결책을 검토하고, 한가지의 해결책을 선택하고 평가한다.

❻ 6단계 : 종합

토론 과정을 통하여 학생들은 의도한 결과가 같더라도 문제에 접근하는 방법이 다를 수 있다는 점을 명확하게 알게 된다. 교사는 각 학생들이 제시한 대응방법의 가장 적절한 측면에 대하여 강화한다.

4) 발견학습(Discovery Learning)

(1) 특 징

교사의 구체적인 안내나 지도 없이 학생 스스로 탐구하도록 하는 방법으로, 기본개념이나 원리는 학습자들이 스스로 깨닫게 되는 학습방법이다. 선행경험과 지식이 풍부한 학습자에게 적절하다.

(2) 과 정

① **과제의 파악** : 발견해야 할 과제를 학습자에게 명확하게 파악시킨다.

② **가설의 설정** : 문제의 제기에 대한 가벼운 예상을 가설이라 한다.

③ **가설의 검증** : 불확실한 주관인 가설을 객관적인 이론으로 설명한다.

④ **실제에 적용** : 구체적인 현실적인 상황에 적용한다.

5) 협동교수법(Team Teaching)

(1) 특 징

2명 이상의 교사가 팀을 이루어 학생을 가르침으로써 교육의 효과를 올리기 위한 교수방법으로, 정규학급 정원을 훨씬 초과하는 수의 학생을 한 수업집단으로 편성하는 것이 특징이다.

(2) 목 적

① 수업의 질이 향상된다.

② 수업목표를 위해 효과적인 지도방법을 시도할 수 있다.

③ 교사 개인의 장점을 충분히 활용할 수 있다.

(3) 지도상의 유의점

① 팀을 이룰 교사들의 충분한 사전계획과 준비가 있어야 한다.

② 팀의 목적에 각별히 기여할 수 있는 특정한 교사를 선택해야 한다.

③ 교사 각자가 맡아야 할 일을 제각기 정확하게 확인하여야 한다.

④ 계획, 실시, 평가의 과정이 명확하여야 한다.

6) 시범(Demonstration)

(1) 특 징

수업내용의 모범을 보여주거나 운동기능적인 수업에 있어 교사가 모델이 되어 학습자에게 본보기를 제시해 주는 방법으로, 일반적으로 시범은 다른 방법과 병행하여 사용된다.

(2) 지도상 유의점

① 학습자 전체가 잘 관찰할 수 있어야 한다.
② 시범은 자세한 설명이 수반되어야 하며, 필요에 따라 반복한다.
③ 시범 후에 학습자들도 연습할 기회를 갖게 한다.
④ 시범 후에 평가를 실시한다.

3. 연구수업

1) 연구수업의 의의와 목적

교육자라면 누구에게라도 우수한 교육기술이 필요한 것처럼 모든 교사는 우수한 수업기술을 필요로 하고 있다. 다른 대부분의 기술도 그러하지만, 교육기술이나 수업기술도 관련된 이론의 습득이나 일상적으로 반복되는 경험만으로는 일정한 수준 이상까지 도달할 수가 없다. 수업기술이란 수업의 질, 즉 수업의 효과를 높이는 데 필요한 실제적 기법을 말한다.

'연구수업'이란 용어의 정의에 대해서는 각자의 입장에 따라서 다를 수 있겠지만, 우리는 '교사가 수업에 관한 연구의 결과를 발표하는 수업'이라고 규정하고자 한다. '수업에 관한' 연구는 주로 수업의 방법이나 기술에 관한 연구이지, 해당 교과목의 내용에 관한 연구를 말하는 것이 아니다. 연구수업은 연구의 결과를 발표하는 것이므로 평소의 수업 그대로를 학부모나 장학사, 기타 내방객에게 참관하게 하는 공개수업 또는 실연수업과는 구별되는 것이라고 본다.

연구수업의 의미를 같이 파악하면 다음과 같은 몇 가지를 그 의의라고 말할 수 있다.

① 수업에 관한 연구를 촉진시킨다.
② 수업기술을 향상시키는 계기가 된다.
③ 연구의 결과를 발표하는 기회가 된다.
④ 연구의 결과를 일반화시키는 계기가 된다.
⑤ 교사 상호 간의 연수기회가 된다.

연구수업의 의의를 고려할 때, 연구수업을 추진하거나 실시하는 구체적인 목적은 다음과 같다고 할 수 있다.

첫째, 학습의 효과를 극대화시킬 수 있는 수업기술을 개발하는 것이다. 연구수업의 일차적인 목적은 주어진 상황에서 수업의 질을 최대한으로 높일 수 있는 최적의 수업방법이나, 수업기술이 어떤 것인가를 탐색하여 높일 수 있는 최적의 수업방법이나, 수업기술이 어떤 것인가를 탐색하여 그것을 다른 교사나 기타 참관자에게 알려주는 것이다.

둘째, 수업에 관한 연구분위기를 조성시킨다. 학교의 전체적인 교육계획을 수립하여 추진하는 데 있어서 연구수업에 관한 내용을 필수적인 것으로 중요시하는 이유는, 수업의 질을 높일 수 있는 수업방법의 중요성에 관한 전체 교사들의 인식을 높이고, 나아가서 그것에 관한 연구분위기를 조성하기 위한 것이다.

셋째, 바람직한 수업방법을 일반화시키고자 하는 것도 연구수업의 또 하나의 목적이다. 연구수업을 직접 하는 교사는 자신의 수업방식을 다른 교사도 활용하기를 바라고 있으며, 또 학교경영자나 관리자는 연구수업에서 발표된 것과 같은 훌륭한 수업을 다른 모든 교사들도 할 수 있기를 기대하는 것이다.

2) 연구수업의 사전계획

연구수업을 효과적으로 수행하기 위해서는 실효성 있는 치밀한 사전의 계획이 절대적으로 필요하다. 치밀하게 계획되지 않은 연구수업은 실패하기가 쉬운 것이다. 연구수업을 하는 것이 정식으로 결정되면, 앞에서 설명한 연구수업의 목적을 고려하여 충분한 시간적 여유를 두고 사전계획과 준비를 시작해야 한다. 연구수업의 사전계획은 연구의 계획 및 추진, 수업실시계획, 수업평가계획 등 세 가지 내용으로 구분하여 수립하는 것이 바람직하다.

(1) 연구의 계획 및 추진

연구수업이란 수업에 관한 연구의 결과를 실제의 수업을 통하여 공개적으로 발표하는 수업이므로, 연구수업에서 발표할 주제를 미리 선정하여 연구수업을 하기 전 상당한 기간에 걸쳐 선정된 주제에 대한 연구를 추진해야 한다.

적합한 연구문제가 선정되었으면 구체적으로 연구가 추진되어야 한다. 선정된 연구문제가 선정되었으면 구체적으로 연구가 추진되어야 한다. 선정된 연구문제의 특성 따라서 연구추진의 방법은 다를 수 있겠지만, 연구수업을 위한 연구의 성질상 다음과 같은 방법으로 추진하는 것이 합리적일 것이다.

첫째, 실태조사 및 분석이다.
둘째, 하위 연구문제 추출 및 실행계획이다.
셋째, 연구의 실행이다.
넷째, 연구결과의 평가이다.

(2) 수업실시계획

연구수업의 중심 활동인 실제 수업을 어떻게 효과적으로 진행시킬 것인가에 대한 치밀한 사전계획이 절대적으로 필요하다. 수업실시의 사전계획으로 가장 핵심적인 것은 학습지도안의 작성이다. 연구수업을 위한 학습지도안 작성에는 다음과 같은 사항을 고려하여 반영해야 한다.

첫째, 모든 학습지도안에 공통적으로 포함되어야 할 내용과 창의적이고 독창적인 내용을 모두 포함시켜야 한다.

둘째, 수업의 전개단계와 교사의 수업행동과 학생의 학습행동에 대한 정확한 시간 계획이 반영되어야 한다.

셋째, 연구수업을 위해서 특히 연구된 주제나 내용이 자세하게 표현될 수 있도록 해야 한다.

넷째, 가능한 한 연구된 주제나 내용은 시청각매체나 학생들의 활동을 통해서 나타나도록 계획되어야 한다.

다섯째, 수업 중에 나타날 수 있는 돌발적인 사태 등을 감안하여 융통성 있고 탄력적인 지도안이 되도록 배려해야 한다.

(3) 수업평가계획

연구수업을 계획할 때는 연구수업을 마친 뒤의 수업평가에 대한 계획도 함께 세워 두는 것이 좋다. 연구수업 평가화, 연구수업 협의회 또는 연구수업 반성회라는 이름의 모임을 개최하여 연구수업에 대한 참관자들의 솔직하고 객관적인 의견 또는 평가들을 종합 · 분석하여 정리해 두면 다음의 연구수업에 귀중한 자료로 사용되어질 수 있다. 또 이 자료들은 연구수업을 객관적으로 이해할 수 있게 하는 매우 중요한 것이기도 한다.

평가회의 개최일시나 장소, 참관대상 등 절차적인 문제들은 관련되는 사무를 맡은 교사와 협의해서 정하면 될 일이지만, 연구수업 교사가 가장 유의해야 할 사항은 연구수업에 대한 평가나 의견개전을 어떤 형식으로 참관자에게 요구할 것인가 하는 문제이다.

3) 연구수업의 실시

(1) 수업 직전에 해야 할 일

연구수업을 위해서는 위와 같은 많은 일들이 많은 시간을 들여서 치밀하게 계획하고 준비해야 하지만, 실제로 이러한 일들은 연구수업 이전에 하는 것들이므로 막상 수업이 임박하면 이런 저런 상황들이 달라져서 세워둔 계획을 바꾸어야 할 경우가 생길 수 있다. 또 비록 사정이 달라지지 않았다 해도 지금까지 추진해 왔던 계획들을 다시 한 번 점검해보는 일은 꼭 필요한 것이다.

연구수업 하루 이틀 전에 해야 할 일은 첫째, 학습지도안을 재검토해야 한다. 둘째, 수업매체나 학습자료를 점검한다. 셋째, 수업할 교실의 환경구성이나 학생들의 학습태도 등에 특별한 문제가 있는지 여부 등에 살펴보는 것도 중요하다. 넷째, 연구수업을 담당할 교사의 태도나 마음가짐이다. 연구수업에 임하는 교사는 침착성과 대담성을 잃지 않아야 한다.

(2) 수업의 진행

연구수업의 진행방법은 다음과 같다.

첫째, 수업의 시작단계에서 학습자들이 교사를 주시하고 주의를 집중하도록 분위기를 장악하는 것이 매우 중요하다.

둘째, 적당한 위치에서 수업을 진행해야 한다. 설명식의 일제수업일 때는 정면 중앙이 가장 적당한 위치이겠지만, 시청각 매체를 활용한다든가 소집단 수업을 한다든가 기타 개별지도가 필요한 경우 등에는 적절한 위치를 잘 생각해야 한다.

셋째, 수업매체를 활용할 때는 그 목적을 충분히 달성할 수 있도록 배려해야 하고 특히 기계의 조작에 실수하는 일이 없도록 유의해야 한다.

넷째, 학생들에게 발문을 하거나 학생들의 질문을 받았을 때 그 처리의 요령이나 방법이 적절해야 한다.

다섯째, 노작, 실험, 관찰, 토론, 연습, 대담 등 학생들의 자율적 · 공동적 활동을 통해서 수업을 할 때는 수업분위기가 산만해지지 않도록 해야 한다.

여섯째, 의외의 사태발생에 대하여 침착하게 대처해야 하고 계획된 시간이 너무 모자라거나 남지 않도록 해야 하며, 특히 수업의 마지막 단계에서의 정리나 차시 예고 등이 정확하게 되도록 해야 한다.

4) 연구수업의 평가

연구수업 평가회 또는 협의회에서는 연구수업을 실시한 교사와 참관한 모든 사람이 모여서 연구수업에 관한 반성, 협의 및 토의, 비판 및 평가를 하게 된다. 연구수업 평가회에서 참관자들은 질의응답이나 협의 과정을 통해서 건설적이고 대안적인 의견을 제시해야 하며, 말초적인 사항이나 추상적 · 비판적인 발언은 가능한 한 하지 않아야 한다. 그리고 수업에서의 잘된 부분과 시정했으나 하는 부분을 고르게 지적하는 것이 바람직하다.

연구수업교사는 평가회에서 참관자들은 의견개진이 객관성을 지닐 수 있도록 연구수업을 위해서 수행해 왔던 연구 과정과 준비계획, 실제수업에서의 어려운 점 등을 소상하게 말해 줄 필요가 있다. 따라서 연구수업 교사가 참관자들의 지도 · 조언 등의 내용이 자신의 견해와 다르다고 해서 반박 또는 변명을 하는 것은 결코 바람직하지 못하다. 왜냐하면 그들의 다양한 견해에 대한 취사 · 선택은 연구수업 교사 자신이 자유롭게 판단하여 실시하면 될 것이기 때문이다.

Chapter 08

유아교육의 교수-학습원리

1. 교수-학습원리의 개념
2. 유아교육의 교수-학습원리
3. 교수-학습방법

1. 교수-학습원리의 개념

학교교육의 장면에서 가장 기본적이며 핵심적인 과정은 가르치며 배우는 과정이라고 할 수 있다. 교수-학습 활동이란 교사가 자신의 교육목적을 교육현장에 적용하려고 시도하는 다양한 활동으로 교육과정계획, 교육환경 구성, 교육 활동 운영, 교육평가 등의 교육 활동을 의미한다. 교수와 학습의 관계는 교사가 가르친 것을 학생이 배우는 것으로 상호 의존적 특성을 지닌다.

교수는 학습행위를 유발시키려는 체계로서, 교육 과정에 내포된 내용을 가르치는 일이며, 학습이란 학습자의 지식, 행동, 태도의 변화를 말한다. 그런데 학습은 교수한 것과 일치하지 않을 수 있으며, 교사의 가르침이 없이도 일어날 수 있다. 가장 이상적인 관계는 교육 과정에 명시된 목표와 내용을 교사가 가르칠 때 학습자가 그것을 완전히 학습하는 상태이다. 여기에는 교사, 학습자, 학습과제(목표와 내용), 교수조건 및 교수방법 변인이 영향을 미친다.

2. 유아교육의 교수-학습원리

1) 유아교육의 교수-학습의 원리 중 놀이 중심의 원리

유아는 놀이 활동을 통해 새로운 정보를 탐색하고 호기심을 조장하여 놀이활동에 집중함으로써 집중력을 기르고, 이러한 집중력은 학습에 전이되며, 놀이행동의 반복은 경험한 내용을 확실하게 인지시킨다. 놀이의 집중성, 반복성, 창의성의 특성 때문에 놀이 활동이 학습으로써 교육적 의미를 지닌다. 현대 유아교육에서 놀이의 중요성이 강조되는 이유는 놀이가 어린이의 생활뿐만 아니라 학습의 기본 형식이기 때문이다. 유아는 놀이를 통해 자연스러운 방식으로 앎의 지평을 넓혀가며, 감각운동적인 능력과 기능을 형성해 간다.

또한 놀이 기술이나 규칙에 친숙해지고 놀이의 내용을 알게 되며, 새로운 고안과 창작도 할 수 있다. 놀이는 지적 이해를 가능케 해주며 동시에 정서적 발달과 사회적 학습의 기회를 제공해 준다. 이상금(1987)은 유아교육의 본질적 기능 가운데 놀이의 중요성을 지적하였는데, 놀이가 유아교육의 조화적 발달, 종합적인 학습을 성취시키는 최상의 방법이며 유아교육은 놀이를 왕성하게 유도함으로써 종합적이고 유연성 있는 지도가 가능하고 인간교육의 목표도 달성할 수 있다고 하였다. 이와 같이 놀이와 유아발달을 정리하면 놀이는 탐구력, 사고력, 판단력, 창조력, 문제해결력, 지각경험, 호기심, 주의집중력, 지식의 구성, 언어발달, 학습능력 습득 등과 같은 지적발달과 협동심과 관용심, 원만한 대인관계, 질서의식과 같은 사회성 발달, 대 · 소근육 발달 및 눈과 손의 협응력 등과 같은 신체발달, 갈등해소 및 자기 치유적인 효과 등의 정서적인 발달을 가져오는 전인적 발달을 위한 유용한 교수방법임을 알 수 있다.

2) 유아교육의 교수-학습의 원리 중 생활 중심의 원리

유아들의 내적 요구와 생활경험의 체계에 따라 구성된 교육 과정, 생활에서 사회의 운영이나 개인의 활동이 집중되어가는 것을 포착하여 그것을 기반으로 마련하는 교육 과정이다. 그러므로 교육 과정 구성의 기초자료를 마련하기 위해 사회조사와 아동조사를 실시한다. 사회조사는 어떤 생활경험이 갖는 사회적 가치를 추구하여 사회의 요구를 찾고, 아동조사는 개개 학생의 필요 · 욕구와 그들이 지니는 문제를 확실히 찾아내서 교육 과정 구성에 직접적인 기초를 마련한다. 이와 같이 함으로써 주된 생활영역을 영역(scope)으로 하고, 유아의 발달단계에 따라 계열(sequence)을 정해서 종횡이 맞는 교육 과정을 구성하는 것이다.

3) 유아교육의 교수-학습의 원리 중 개별화의 원리

개별화 수업 모형은 유아들이 미리 계획된 학습과제의 계열성에 따라 자신에게 맞는 속도로 배우도록 설계된 수업 모형으로, 학습과제는 전체 단원의 내용 목록을 결정할 때, 그리고 가르칠 기능 및 지식영역에 대한 과제 분석을 통해 미리 이루어진다. 모든 학습과제에 대한 내용들은 문서나 다른 형식의 매체로 유아들에게 미리 주어지는데, 과제제시, 과제구조, 오류 분석, 수행기준에 대한 정보를 포함한다. 개별화 수업 모형을 다른 모형과 구분짓는 중요한 사항은 교사가 유아에게 이 내용을 개별적으로 제공하지 않는다는 점이다. 유아들은 교재를 읽거나 비디오 샘플을 봄으로써 이러한 정보를 얻게 된다.

개별화 수업 모형의 특성은 교사로 하여금 수업 중에 유아들에게 이러한 정보를 전달하는데 소요되는 시간을 줄이고, 그 시간을 유아와의 교수 상호작용에 투자하도록 한다. 이미 제시된 수행기준에 따라 유아가 학습과제를 완수하게 되면, 교사의 허락이나 지시 없이 바로 학습과제 목록에 있는 다음 과제로 이동하게 되는 수업 모형이다. 만일 대규모 학급에서 개별화 수업 모형을 사용할 때는 단원시험을 검토하고 유아들에게 학습전략을 지도해 주며, 유아들에게 1대 1 개인지도를 할 수 있는 보조교사에게 많이 의존할 수도 있다. 개별화 수업 모형에서는 유아의 과제 제시가 거의 없기 때문에, 교사는 학습동기 유발과 피드백과 개인지도 같은 수업정보를 제공하기 위해 학생들과의 상호작용을 해야 한다.

4) 유아교육의 교수-학습의 원리 중 자발성의 원리

자율성은 인간생활을 가치롭게 하는 하나의 규범으로, 인간의 사고와 행동의 적절성을 내포하고 있기 때문에 바람직한 생활에 필요한 마음의 상태와 행동의 변화를 추구하는 교육과 밀접하게 관련된다. 유아는 자율적인 인간으로 교육받음으로써 행동의 지도원리를 스스로 가지게 되고, 미래 사회에서 직면할 다양한 상황에 대한 적합한 행동의 타당성을 보장받게 된다. 정서적으로 건강한 유아들은 일반적으로 부모로부터 분리되며 개별성과 독특성 같은 느낌의 자율성을 획득한다.

사고와 행동 모두에서 자율성은 이후 학습과 발달을 위한 가장 중요한 요소로 여겨지고 있다. 한 개인이 되기 위해 시도하는 과정에서 지나치게 제한받거나 심하게 처벌을 받은 유아는 자신의 개별성에 대해 회의감을 갖게 되고, 노력에 대해 수치감을 갖게 된다. 결국 이런 아동은 소심해지며 자신의 능력에 대해 자신감이 없고 부모의 연장된 범위 내에서 정체성을 갖게 된다. 카미(Kamii, 1982)는 많은 유치원과 초등학교 아동들이 성인의 권위를 조정하고 거스르는 경험을 하기 때문에 회의감을 느낄 것이라고 한다.

유아의 자율적 행동을 신장하기 위해서는 무엇보다도 먼저 민주적이고 개방적인 학급분위기를 조성하여야 한다. 유아에게 두려움을 주지 않으면서도 그들의 감정 상태를 수용하고, 유아의 행동을 칭찬하거나 격려하며, 그들의 의견과 아이디어를 받아들일 때 유아들은 거침없이 자신의 생각과 의견을 다양하게 제시할 수 있을 것이며 이러한 경험을 통해 유아의 자율성은 신장될 수 있을 것이다. 유아들의 의견을 수용하고 그들 스스로가 학급 활동 계획을 세우고 실천하도록 지도할 필요가 있다. 학급운영에서 유아들의 의견을 반영하고 수용하면서 토의에 임하게 하고, 보다 능동적이고 적극적인 참여로 학급의 주요 활동에 대한 계획을 유아들 스스로 계획해보고 실천해보고, 실천사항에 대해서는 스스로 반성과 평가가 이루어지도록 해야 한다.

즉, 아동에게 선택과 조절을 하도록 하는 교실 운영체제를 확립하는 것이다. 이것은 아동이 하고 싶은 대로 행동하게 하는 것을 의미하지 않는다. 학급의 규칙은 교실에서 아동의 권리를 보호하기 위해 만들어져야 하며, 신체적이고 정신적인 안전에 필요한 최소한의 규칙은 만들어져야 한다. 교사는 분명한 목적 없이 아동을 제한해서는 안 되며, 최소한의 제한 내에서 아동이 자유롭게 탐색하고 자신을 표현하고 자신의 문제를 해결하도록 도와야 한다. 유아에게 교실의 통제하에 압력을 가해서는 안 된다. 자율성은 개인적으로 개발되어야 할 행동 요소이지만 집단생활을 통해서 실천될 때 보다 잘 신장시킬 수 있는 것이므로, 소집단 활동을 통하여 자율의 의미와 결과를 스스로 직접 체험하도록 도울 수 있다. 자신의 문제를 인식하고 스스로 필요해서 자발적으로 행하는 일은 뜻있고 즐거운 것임을 체험한 유아는 더욱 능동적으로 교실의 활동에 참여하게 된다. 유아들의 관심과 흥미, 능력 등에 따라 다양한 소집단을 탄력적으로 구성하고, 소집단에 따른 1인 1역의 역할분담체제를 확립하여 공동체 의식 속에서 적극적이고 능동적으로 협력할 수 있도록 유도함으로써 자율성을 신장할 수 있다.

5) 유아교육의 교수-학습의 원리 중 구체성의 원리

유아들이 친구들과 합의해보는 경험을 갖게 한다. 단체생활에서는 개인적인 자유와 권리에 한계가 있음을 유아가 인식하도록 서로 이견을 좁혀 적절한 합의점을 찾는 과정을 자주 갖도록 한다. 부모교육을 강화하여 유아교육에 관한 부모와 교직원, 부모와 부모 간의 합의 및 동기가 끊임없이 이루어지도록 노력한다.

6) 유아교육의 교수-학습의 원리 중 다양성 및 융통성의 원리

인간은 부모의 보호를 받아야만 생존할 수 있는 연약한 존재로 태어나 자라나는 동안 끊임없이 사회로부터 자극을 받고 상호작용을 하면서 사회적 발달을 이루게 된다. 사회적 발달이란 자신이 속한 사회의 규준을 이해하여 자신의 정서와 행동을 조절하며 타인과 원만한 관계를 유지해나갈 수 있는 것을 의미한다. 유아기는 자신의 삶을 주관적, 적극적으로 이끌면서 남과 더불어 살아가는 능력을 길러야 하는 시기이다. 유아의 사회적 발달은 유아의 특성, 양육행동, 애착 등과 관련이 있는 것으로 보고되어 왔으나, 최근에는 유아들이 유아교육기관에서 보내는 시간이 길어짐에 따라 교육기관에서의 경험도 중요하게 작용하는 것으로 나타났다.

따라서 교사는 유아들이 유아교육기관에서 또래 및 교사와 상호작용하는 동안 자신과 타인의 감정을 이해하고 타인을 배려할 줄 알며, 자신이 하고자 하는 일을 자율적으로해 나갈 수 있도록 다양한 경험을 제공해야 한다. 사회적 발달을 위한 교수-학습활동은 유치원의 생태적 환경, 교사의 일과운영 방침이나 일과 활동 전개 과정과 같은 교육 경험의 전반적인 과정을 통하여 유아의 자기조절, 자기선택, 자기결정, 자기책임을 격려함으로써 자아존중감을 키우고 인지적, 도덕적 자율성 등의 사회적 발달을 도모할 수 있는 잠재적 교육 과정의 성격을 띠는 일과운영 지침 및 교수-학습활동을 의미한다.

7) 유아교육의 교수-학습의 원리 중 탐구학습의 원리

탐구(inquiry)는 발견으로 이루어진 미지의 것을 탐험하는 주의 깊고 체계적인 방법으로서, 과학의 지식 · 태도 · 과정기술을 통해 비판적으로 사고하고, 문제를 조사하면서 실험하여 결론을 도출하는 창의적 사고 과정 및 직관을 이용하는 방법을 의미한다. 탐구적 교수-학습방법은 유아가 교수-학습의 주도권을 갖고 유아의 흥미와 사전개념에 따라 탐구할 질문을 제안하고, 소집단의 또래 · 교사와 함께 탐구방법을 계획하고 진행하는 방법이다. 탐구적 교수-학습방법은 과학과 교수-학습에 대한 유아의 흥미를 높여주어 유아의 학습 성향과 과학적 탐구 성향을 개발하는 데 유용하다.

탐구적 교수-학습방법은 유아의 질문의 해결을 위한 탐구의 과정으로 진행되는 교수-학습방법을 의미하는데, 유동적이고 다양한 학습 내용의 적용이 가능하며, 유아들의 선 경험과 지식을 수용할 수 있는 장점이 있다. 설명적 교수-학습방법은 일반적으로 유아교육기관에서 흔히 사용되는 교수-학습방법으로 새로운 정보와 개념에 대해 효과적이고 다수의 유아에게 즉각적인 제공이 가능하다는 장점을 지니며, 유아과학의 교수-학습방법에 있어서 탐구적 교수-학습방법과 비교된다. 탐구적 교수-학습방법의 효과에 대한 선행연구를 보면 교사 위주의 시범적 · 설명적 교수-학습방법에 비해 탐구적 교수-학습방법이 창의성과 문제해결력, 또래관계, 과학적 태도 및 탐구능력 등의 향상에 더욱 효과적이었음을 밝히고 있다. 따라서 본 연구에서 실행하고자 하는 화학 활동에 두 가지 교수-학습방법을 적용하여 그 효과를 비교해 보는 것은 의미가 있다고 본다.

8) 유아교육의 교수-학습의 원리 중 통합의 원리

통합교육 과정은 기존의 둘 또는 그 이상의 교과를 묶어 한 개의 프로그램으로 만들어 보려는 교육 과정 접근에 대해서 붙여진 이름이다. 이러한 통합교육 과정의 주요 특징으로는 첫째, 관련 있는 학문 분야의 지식이나 탐구 양식, 합리적 해석을 필요로 하는 자연현상이나 사회문제에 공통적으로 적용 가능한 넓은 개념을 통합 주제로 선정하고, 둘째, 통합 주제에 관련된 전문분야의 지식과 절차에 관한 다양한 학습활동을 제공하며, 셋째, 학습자의 흥미와 필요를 충족시킬 수 있는 구체적 경험과 자원들이 다양하게 사용되도록 하는 것 등이 있다.

쇼메이커(Shoemaker, 1989, 5)에 의하면, 통합교육 과정은 "교과목의 경계를 넘어서 여러 교육 과정 영역을 서로 의미 있게 관련되도록 조직한 것"이라고 정의된다. 통합교육 과정은 학생들의 통합된 인격 형성을 목적으로 하며, 분과화되어 가고 부적절성을 드러내는 지식의 특성에 대처하고, 21세기에 필요로 한 종합적 사고력을 길러줄 수 있으며, 실제 사회의 문제를 다루기에 적절하고, 아동의 흥미와 관심을 제대로 반영할 수 있다는 점에서 그 의의를 찾을 수 있다.

3. 교수-학습방법

전통적 교육방법은 교사가 교재 교구를 제시하며 강의와 설명, 시범, 연습 등을 통해 유아에게 지식을 전달하는 형태로 이루어졌으나, 최근에는 다양한 교수법의 개발로 유아의 능력과 요구에 적합한 교재 교구의 선택, 능동적 참여, 학습 형태에 따른 다양한 방법, 효과적인 교수-학습방법이 강조되고 있다. 교재 교구와 연관된 교수-학습방법을 소개하면 다음과 같다(교육부, 2001; 엄정례, 우행선, 2005에서 재인용).

(1) 자기표현(Self-expression)

유아가 자연적인 발달 또는 의도적인 교수-학습의 결과로 얻게 된 느낌과 생각을 다양한 활동 형태로 표현하는 것이다. 자기표현 방식으로는 행동적 표현(역할놀이, 게임, 신체표현 등), 조형적 표현(그리기, 만들기, 꾸미기, 전시하기 등) 및 언어적 표현(감정을 말로 표현하기, 문제해결 방안을 말로 표현하기, 지식들을 이야기 나누기 등)이 있다.

(2) 설명하기(Presentation)

유아가 개념이나 원리를 이해하도록 언어로 어떤 정보를 말해 주거나 자료를 보여 주면서 설명하는 방법이다. 교재나 시청각자료를 통해 유아에게 일방적으로 정보를 제시하는 것이 특징이다(예 : 공룡에 관한 모형이나 사진자료, 이야기책을 보여 이야기 나누기).

(3) 시범(Demonstration)

유아에게 어떤 과제에 대해 언제, 어디서, 왜 그리고 어떻게 해야 하는지에 대해 자세하게 보여주는 방법이다. 즉, 유아가 습득해야 할 과제에 대해 자세하게 보여 주어 실제로 실행할 수 있도록 하는 방법이다(예 : 그네 탈 때 주의할 점, 도시락 보자기 묶는 방법).

(4) 토의하기(Discussion)

두 사람 이상이 어떠한 주제 또는 상황에 대해 서로 의견을 나누고, 이 의견들 사이의 유사점이나 차이점을 살펴보며, 의견 교환을 통해 어떤 과제 및 문제에 대해 최선의 결론을 얻는 방법이다(예 : 과학영역의 자라나 달팽이 기르는 방법에 대해 토의하기).

(5) 추론하기(Inference)

가설적 딜레마와 상황에 대해 상황 속의 문제 또는 주인공이 어떻게 해야 할까와 왜 그렇게 해야 하는가를 이야기하도록 하는 방법이다(예 : 영희는 생일파티에 가는 길에 아픈 할머니를 발견했다. 할머니는 영희에게 자기 집까지 데려다 달라고 부탁했다. 만일 부탁을 들어준다면, 영희는 생일파티에 늦게 될 것이다. 이때 영희는 어떻게 해야 할까? 왜 그렇게 해야 하는가?).

(6) 협동학습(Cooperative learning)

공동의 주제나 과제를 가지고 소집단(5~6명)을 구성하여 함께 조사하고, 문제해결 과정을 통해 지식을 발견하고, 공유하며, 협동심과 사회적 기술을 익히는 방법이다(예 : 프로젝트 접근법, 레지오 에밀리아 접근법에서 우리 동네 조사하기).

(7) 발견학습(Discovery learning)

유아들이 스스로 발견 과정을 통해 답을 찾고 직접 경험을 통해 어떤 개념이나 지식, 원리를 깨달을 수 있도록 학습환경을 마련해주는 지도방법이다(예 : 색의 혼합 학습하기).

(8) 문제해결(Problem solving)

학습자에게 문제를 제시하거나, 교사와 유아가 문제상황에 대해 그 원인과 해결책을 모색하는 방법이다. 문제해결의 전개 과정은 문제의 정의, 문제해결과 관련된 정보수집, 해결방안의 선정 및 적용, 해결방법에 대한 장단점의 평가 및 새로운 방법의 재적용 등으로 이루어진다(예 : 만일 '자'가 없다면 무엇으로 길이를 잴 수 있을지 문제해결하기).

(9) 시뮬레이션(Simulation)

학습자에게 실제와 유사한 학습상황을 제공하여 위험부담 없이 현실에 효과적으로 적응하고 대처할 수 있도록 지도하는 방법이다(예 : 생산, 공정, 유통과정, 실내 운전 연습실, 우주비행 연습실).

(10) 훈련과 연습(Drill and practice)

수, 언어, 운동기술과 관련된 과제에 적용되는 방법으로 오류가 있을 때는 수정해주고, 따라 해보게 한다든지 실행과 반복을 통해 숙달감을 기르게 하는 방법이다(예 : 필순 지도, 단어 쓰기 연습).

(11) 직접 교수법(Tutorial)

사람이나 컴퓨터, 인쇄물을 통해 직접 가르치는 것으로 질문하거나 문제를 제시하는 것, 반응에 답하거나 적절한 피드백 제공하기 등 주로 일대일로 지도가 이루어지는 경우가 많다(예 : 컴퓨터 조작하기, 읽거나 쓰지 못하는 유아에게 교사가 직접 글을 읽어주거나 써주기 등).

(12) 대 · 소집단 · 개별 교수법(Large, small and individual teaching)

대집단 교수법은 교사 한 사람이 학습자를 대상으로 한꺼번에 같은 장소에서 똑같은 정보를 주는 활동이다. 이를 통해 지도시간을 단축하고 대량 교구의 능률을 올릴 수 있는 장점이 있으나, 타율적인 학습과 주입식 교수가 되기 쉬운 단점이 있다. 소집단 교수법은 구성원 사이의 효과적인 상호작용 및 토론을 고취시키고자 하는 방법으로 학습의 목적과 성격에 따라 집단의 크기가 조절된다. 소집단 활동에서 교사의 역할은 매우 중요하며, 관찰자, 리더, 중재자, 지원자, 참여자의 역할을 수행해야 한다. 개별 교수법은 교사가 제시한 과제를 유아가 스스로 해결하거나 학습해 나가는 방법으로 학습자 개개인의 능력을 계발하는 데 효율적인 방법이며, 교사가 개별적으로 학습자와 접촉하여 학습자를 이해하고, 그에 적절한 지도와 도움을 주는 방법이다.

Chapter 09

유아교육기관과 환경

1. 유아교육기관의 물리적 환경
2. 유아교육기관의 물리적 환경원리
3. 유아교육기관의 시설 개발
4. 유아교육기관의 실내환경원리
5. 유아교육기관의 실외환경원리
6. 교육기관 실내외 환경의 효율적인 관리방안

1. 유아교육기관의 물리적 환경

1) 유아교육기관의 물리적 환경의 개념

유아교육기관의 환경은 유아들의 개인 및 집단에 미치는 영향의 전체를 의미한다. 환경의 영향은 유아와 환경의 상호작용하는 방법의 차이 때문에 기관에 따라 특이한 편이다. 유아교육, 보육기관의 환경에는 물리적 환경, 인간환경, 교육환경이 있다.

① **물리적 환경** : 공간, 교실배열, 설비, 자료 등을 포함한다.
② **인간환경** : 유아와 성인 간의 상호작용과 분위기를 의미한다.
③ **교육과정환경** : 교육과정의 내용, 경험, 관례, 목적, 일상조직 등을 의미한다.

유아에 대한 전체 환경의 영향을 분석할 때에는 이 세 가지 환경이 고려되어야 한다. 물리적 환경은 교실규모, 저장공간, 실외접근의 용이성, 가구 배치와 같은 교직원들과 유아들에게 영향을 미치는 외적 요소 모두를 의미한다. 물리적 환경은 이외에도 교실의 조명, 색, 소음, 자료, 조경 등도 포함이 된다.

2) 유아교육기관의 물리적 환경의 특성

유아교육, 보육기관의 물리적 환경은 유아들에게 또 하나의 훌륭한 교사이다. 물리적 환경은 유아들에게 색, 냄새, 소리 등을 소개하며 환경과 상호작용하면서 성장하고 학습한다. 그래서 물리적 환경은 유아들에게 안전하고 흥미가 있어야 한다. 따라서 다음과 같은 특성을 가져야 한다.

① 물리적 환경은 구성원들의 안전 확보, 건강증진, 편리의 제공, 편안, 체격에 적절성 등이 가능하여야 한다.
② 물리적 환경은 유아가 세계에 대하여 기술, 개념, 태도를 획득하는 장소이다. 유아가 자기 도움 기능을 개발하고, 훌륭한 학습활동을 선택하며, 유능감과 자

신감을 느끼는 환경이어야 한다.

③ 물리적 환경은 유아의 현재 행동뿐만 아니라 미래의 행동에도 지대한 영향을 미친다. 그리고 교육과정의 운영을 지원하기도 하지만, 경우에 따라서는 이를 제한하고 방해할 수도 있다.

④ 물리적 환경은 본질적으로 유용성이 일정 기간으로 제한되며, 지속적인 관리와 조치를 필요로 하며, 사용에서 견공성과 수명이 긴 특성을 갖고 있다. 그리고 더 적은 것으로 더 많은 과업을 성취할 수 있도록 효과적으로 사용되어야 한다.

⑤ 물리적 환경은 즐거운 장소이어야 하고, 식물, 가구, 조명과 색, 개방적인 공간을 갖기도 하며 물리적 환경은 유아의 신체적, 심리적 안전과 건강을 지원하며, 국가가 요구하는 질적 기준을 충족시켜야 한다.

2. 유아교육기관의 물리적 환경원리

물리적 환경은 교사와 유아들 간의 관계성에 영향을 미치는 물적 요소들을 의미한다. 경영자는 유아의 학습에 적절한 실내공간과 실외공간을 정비하고, 적절한 자료와 설비를 구비하며, 유아들이 집단화되는 방법을 결정할 수 있어야 한다.

물리적 환경을 설정하는 데 고려되어야 할 기본적인 원리는 다음과 같다.

1) 타당성

유아보육기관의 모든 물리적 환경은 유아교육프로그램의 목적을 직접적으로 반영하여야 한다. 물리적 환경은 그 자체가 목적이 아니라 보육프로그램의 목적을 성취하기 위한 하나의 수단이다. 유아교육, 보육프로그램과 교실은 유아들의 연령, 지역사회, 문화 경험 때문에 매우 다양하다. 그래서 목적은 환경의 창조에 본질적인 요소이다.

2) 발달상 적절성

기관의 물리적 환경은 유아의 발달에 적절하여야 한다. 발달의 적절성은 유아의 연령집단의 발달상태 및 흥미에 적절하여야 함을 의미하고, 개별 유아에 적절성은 특정 개별 유아의 특이한 발달상태와 흥미에 적절하여야 함을 의미한다.

3) 안정성

물리적 환경은 유아, 부모, 교직원의 건강과 안전에 관련된 요구를 충족시켜야 한다. 기관은 주로 건물의 1층을 사용한다. 시설은 위험으로부터 유아들을 보호할 수 있고, 건강에 도움을 줄 수 있어야 한다. 내부의 위험요소와 외부의 위험요소 등을 제거해야 한다.

4) 균형성

물리적 환경을 구성하고 있는 자료 및 학습센터 등은 균형을 갖추어야 한다. 조용한 활동공간과 활동적 활동공간의 균형, 개인적 활동공간과 집단적 활동공간의 균형, 안정성과 혁신의 균형 등이 요구된다.

5) 자극의 적정성

물리적 환경은 유아-유아 및 유아-성인 사이에 긍정적인 상호작용의 기회가 보다 많이 야기되도록 조성하고, 유아가 놀이, 탐색, 발견을 하도록 자극하여야 한다. 환경은 미적으로 즐겁고 매력적이며, 다양한 색과 표면, 그리고 훌륭한 전망 등이 있어야 한다.

6) 놀이의 촉진성

물리적 환경은 유아들을 보호하는 지역사회를 창조한다. 그리고 유아, 성인, 가족 간의 긍정적인 관계성을 지지하여야 한다. 유아는 타인과 건강한 관계성을 개발하고, 자신과 세계에 대하여 학습하기 위해 존경스런 상황에서 제한된 수의 유아와 성인의 지속적이고 긍정적인 관계성을 필요로 한다.

3. 유아교육기관의 시설 개발

1) 유아교육기관의 시설원리

유아교육기관의 시설은 교육, 보호의 목적과 목표를 달성하기 위한 제반기능을 원활히 수행하는 데 필요한 물리적 환경 또는 형태로서, 일정한 장소에서 계속적으로 교육, 보호 활동을 영위하기 위하여 구비되어 있는 물적 조건을 포괄적으로 지칭한다. 시설의 목적은 계획된 학습 및 보육의 성과가 달성될 수 있도록 환경을 조성하여 교육, 보호 활동을 최선으로 지원해주는 데 있다.

2) 유아교육기관 시설의 개발

유아교육기관의 시설을 개발하기 위해서 기획단계에서 교지에 대한 결정과 시설의 공간 요구에 대한 분석이 요구된다. 그리고 요구되는 경비를 확인하여야 하며 요구를 사정하기 위해서는 지역사회의 요구, 인허가 규정, 고객에 대한 정보를 확보하여야 한다. 시설의 개발은 전문적 지식과 철저한 사전조사에 근거하여 시행되어야 한다.

3) 유아교육기관 시설사업의 관리

시설의 개발은 요구사정에서부터 건축의 시공 및 감리에 이르기까지 보다 과학적으로 통제할 수 있도록 과업평가검토기법(PERT : Program Evaluation and Review Technique)을 활용하도록 한다. 사업이나 계획이 복잡하면 각자 자신의 역할과 추진할 업무들을 기억하기가 어렵고 통제가 어렵다. 관련 인사들이 다 참여하여 업무의 공정도와 시간 등을 관리할 수 있도록 한다.

4. 유아교육기관의 실내환경원리

1) 실내환경의 원리

시설 내의 잘 설계된 환경은 유아의 신체, 인지, 정서, 사회성 발달을 촉진한다. 공간의 적절한 조직은 유아와 교사 간에 우수한 상호작용을 할 수 있게 한다. 실내환경은 기관의 철학은 기관을 지원하고, 가구의 규모와 배열, 자료와 장난감의 배치, 활동에 조화 등이 고려되어야 한다. 가장 중요한 것은 유아의 안전이다. 감독이 적절하고, 필요시 제한이 설정되고 강화되어야 한다. 위험한 독성물질은 제거되고 소방, 위생 안전규칙을 준수하도록 하여야 한다.

실내환경은 인간의 여러 가지 심리적 과정 즉, 흥분이나 스트레스 등을 통해 과업의 성취에 영향을 미친다. 과업의 성취에 대한 실내환경의 영향은 단기적인 현상이며, 개인이 환경에 적응을 하면 영향력은 감소하는 경향이 있다. 그러나 적응을 통해 형성된 과업의 습관은 장기간에 걸쳐 과업의 성취에 영향을 미친다. 실내에서 설비는 안전하게 접근할 수 있고, 합리적인 이동거리에 위치해야 한다. 실내공간은 청결하고 냄새가 나지 않아야 하고, 쓰레기는 매일 제거되어야 하며, 청결을 유지하여야 한다.

2) 실내환경의 조성

실내의 환경은 유아가 외부 세계에 대하여 기술, 개념, 태도를 획득하는 학습의 장소이면서 생활의 공간이다. 일반적으로, 실내환경에 대한 만족감에 영향을 미치는 요소에는 환경조건과 과업장소가 있다. 전자에는 빛, 기온, 소음, 음악, 소리의 질 등이 있으며, 후자에는 마루, 공간, 의자 벽등이 있다. 이러한 요소들이 미치는 영향의 정도는 개인에 따라 다르다. 실내환경을 조성할 때 일반적으로 고려해야 할 사항은 다음과 같다.

① 교실은 유아의 수에 충분하여야 한다. 교실 가구는 유아의 체격에 적절하고, 화장실과 세면대가 유아의 체격에 적절하여야 한다.

② 실내환경은 특수요구 유아에게도 적합하여야 한다. 상황이 통합교육을 촉진하여야 하고, 공간에 융통성이 있어야 한다. 자신의 활동을 위하여 재정비될 수 있어야 한다. 유아는 방해 없이 영역들 간의 이동이 용이하여야 한다.

③ 교사와 유아 간의 상호작용을 권장하여야 한다. 교실은 유아 중심적이고 1대 1, 소집단, 대집단 활동을 수용해야 한다. 교실은 발달상의 적절한 교육 과정을 수용할 수 있어야 한다. 설비와 공간이 소근육 활동과 대근육 활동을 권장하기 위하여 유아가 이용이 가능해야 한다.

3) 실내영역별 환경

실내환경은 개인의 만족도 및 성취도 수준 등에 영향을 미친다. 그리고 교직원 및 유아 개인에게 안락한 감정을 갖게 할 수 있어야 한다. 실내환경은 다양하고 복잡하기 때문에 구체적인 내용은 요소별로 취급된다. 실내의 환경을 구성하는 영역별로 바람직한 상태는 다음과 같다.

(1) 마루

마루는 유아들의 발달상태 및 집단규모를 고려하여 설치하고, 유아들의 자유로운 이동을 보장하고 필요한 가구를 비치하는 데 충분한 공간이 확보되어야 한다. 그리고 기능적이면서 견고하여야 한다. 마루의 표면은 훌륭하고, 소리를 흡수하여, 색깔이 있고, 따듯한 느낌을 갖게 하며, 물이 흘러도 즉각 제거되어야 한다. 마루의 표면은 찢겨지지 않는 재료들로 씌우고, 활동영역들 간에 소통의 형태가 명확하게 인식되도록 해야 한다.

(2) 천정 및 벽

천정은 다양한 설비를 수용할 수 있도록 높이가 다양하여야 한다. 천정 높이의 다양성은 소음을 통제하는 데 유익하고, 지적으로 아름답게 보이게 한다. 벽은 교실에서 시간을 보내는 유아들의 활동을 반영하는 협력적으로 제작한 작품, 개별 유아의 작품, 기타 작품들로 조성되어야 한다. 상업적 포스터, 교사 중심의 엄격한 규칙, 결함 없는 작품들만 보이도록 하는 것은 바람직하지 않다.

(3) 통로

실내 공간을 계획할 때 통로를 고려하여야 한다. 문의 위치를 조사하고 유아가 문을 통하여 출입하는 것을 상상해보도록 한다. 직선적 흐름과 곡선적인 흐름을 결정하여야 한다.

(4) 창문

창문은 교실 내에 빛을 제공하여 교실 조명의 근원이 되고, 외부를 볼 수 있게 하여 자극의 근원이 될 수 있으며, 환기를 가능하게 한다. 교실에 창문이 없으면 피로감과 두통을 야기하고, 상황에 부정적인 감정을 갖게 되는 경향이 있다.

(5) 출입문

실내공간에 설치된 출입문의 문턱은 8cm 이하로 하여야 한다. 출입문은 나가는 쪽으로 열려야 하고, 유아가 쉽게 조절할 수 있게 무게가 적절하여야 하며, 문틈에 유아가 끼이는 것을 방지하기 위하여 천천히 닫히도록 되어야 한다.

(6) 좌석

좌석의 배열은 교실 내에서 야기되는 다양한 학습활동들을 수용하고 촉진할 수 있도록 충분히 융통성이 있어야 한다. 교사 지시적 수업을 수행하려면, 전통적인 좌석 배열이 적절하다. 변화하는 수업활동에 적절하게 좌석이 배열되어야 하며, 서로가 잘 볼 수 있도록 배열이 되어야 한다.

(7) 색

유아는 4세경이 되면 형태와 함께 색에 대한 인식이 형성되기 때문에 다양한 색의 사용은 유아에게 중요하다. 훌륭하게 계획된 교실 공간의 물리적 환경은 학습을 촉진하고 학업성취를 개선한다. 색의 부적절한 사용은 유아에게 의도하지 않은 부작용을 야기할 수 있다.

(8) 기온

기온이 높아지면 흥분을 유발시키고, 주의집중이 산만하게 되어 과업의 성취가 저하될 수 있다. 기온이 낮으면, 체온 조절기제가 체온을 유지하는 데 부담을 갖게 되며, 손이나 정신적인 활동에 에너지와 관심이 부족해지는 경향이 있다.

(9) 소음

유아들은 대개 활동적이어서 교실이 시끄럽다. 따라서 소음의 통제와 소리의 흡수는 실내의 환경을 조성하는 데 중요한 과제이다. 통제된 소음과 안락한 표면은 조용한 놀이를 증진한다. 실내의 청각환경은 유아의 학업성취에 영향을 미친다. 학습공간이 갖추어야 할 조건은 외부에서 내부로 소음의 전파를 방지하고, 소리의 방향을 적절하게 제거하여야 한다.

5. 유아교육기관의 실외환경원리

1) 실외 학습영역의 원리

실외 학습영역은 유아의 요구를 충족시킬 수 있도록 설계되고, 교실의 확장이어야 한다. 실외 학습영역에서 수행하는 놀이는 능동적 활동이나 대근육 운동을 강조한다. 그리고 유아가 신선한 공기를 즐기고, 햇빛이나 자연의 아름다움을 즐기게 한다. 실외의 학습영역은 안전하며, 유지하기 쉽고, 다양한 요구를 충족시키며, 편리한 곳에 위치하여야 한다. 유아들은 실내만큼 실외의 활동도 많이 한다. 실외 학습영역의 교육목적은 유아들에게 점프하기나 잡기와 같은 운동기능을 개발하도록 하고, 과도한 에너지를 발산하는 안전한 환경을 제공하는 데 있다. 교육목표는 의사소통기능, 개면형성, 정서발달, 탐구놀이, 언어발달, 지각발달, 문제해결, 자신감, 감각발달, 눈과 손의 협응에 관련된다.

2) 실외 학습영역의 조성

실외 학습영역은 실내 학습공간만큼 세심하게 주의하여야 하고, 큰 설비가 영구적으로 설치되 있어서 융통성이 적은 편이다. 유아가 달리기, 점프하기, 흔들기, 타기 등을 통하여 대근육 운동기능을 개발할 수 있는 기회를 갖도록 한다. 실외 학습영역의 상황은 각 활동들 간에 명확하게 확인할 수 있는 통로, 쉽게 접근할 수 있는 수돗물, 목공 및 예술 활동을 위한 공간, 다양한 표면, 그늘진 영역과 햇빛영역, 언덕영역과 평지, 여러 가지 목적을 위하여 사용되는 기본적 설비, 모래놀이를 위한 기본설비에 혁신적 설비의 추가, 연극놀이에 사용될 소품, 설비를 보관하는 공간 등이 요구된다.

3) 실외 학습영역별 구성

실외 학습영역은 외부의 교실이다. 최선의 놀이 경험이 가능하도록 조직되어야 한다. 실내가 학습센터로 구분되어 유아들의 다양한 놀이를 권장하고 있듯이, 실외 학습영역도 실내와 유사하게 구성되어야 한다.

(1) 모래영역

모래는 유아들로 하여금 양과 공간의 개념을 학습하도록 하는 데 유익하고, 자신을 표현하는 수단으로 즐거움을 제공한다. 집단 활동을 위하여 동시에 여러 명을 수용할 수 있어야 한다. 모래는 물이 있는 인근에 배치하는 것이 좋으며, 모래를 자유롭게 가지고 놀 수 있도록 딱딱하지 않게 관리해야 한다. 유아들이 가지고 놀이를 하는 것인 만큼 자주 갈아주거나 가끔 씻어서 오물이나 상처를 줄 수 있는 이물질을 제거해야 한다.

(2) 물놀이영역

물놀이영역은 놀이 자체가 즐겁고, 대소근육 운동기능의 발달에 중요하다. 도전적인 활동에서 성공을 경험하면 인간적 용기를 갖게 된다. 개별적으로 경험하고, 소집단으로 활동을 협력적으로 수행할 수 있다. 수영설비, 부드럽고 잘 건조되는 공간, 교사의 감독, 사물, 다른 활동으로부터 보호가 요구된다. 물놀이영역은 개념 형성, 대소근육 운동기능 발달, 정서발달 등에 효과적이다.

(3) 오르기영역

오르기 설비가 점진적으로 어려워질 때 도전적이게 한다. 오르기 설비, 부드러운 표면, 성인의 감독, 다른 활동으로부터 보호가 요구된다. 오르기영역은 개념형성, 눈과 손의 협응, 대근육 운동기능 발달, 정서발달에 효과적이다. 수행하는 활동은 펴기, 오르기, 매달리기, 균형 유지하기, 떨어지기 등이다.

(4) 자연영역

자연의 시야, 냄새, 표면자료는 유아들에게 흥미를 제공한다. 다양한 나무, 숲, 식물을 제공하도록 한다. 꽃이 계절별로 골고루 피도록 안배한다. 나무의 모양과 잎의 모양도 다양하게 하고, 나무 및 식물들이 놀이영역 주변에 있도록 한다.

(5) 전환영역

유아의 적응을 돕고 그리기 및 물놀이와 같은 조용한 활동을 수행한다. 전환영역은 지붕으로 씌우고, 앉아서 활동하도록 유아 크기의 테이블과 의자를 배치한다.

(6) 개방놀이영역

유아는 견고하고 부드러운 표면을 요구하는 집단게임과 개별 활동을 위한 대규모 영역을 필요로 한다. 딱딱한 표면은 바퀴달린 자동차나 장난감 놀이를 하는 데 필요하다. 울타리가 설치된 영역은 밀접한 사회적 접촉을 자극한다. 개방놀이영역은 공, 훌라후프, 달리기 등과 같은 놀이를 위하여 충분한 공간이 확보되어야 한다.

(7) 연극놀이영역

우수한 자료가 제공되면 유아들의 가장놀이가 촉진된다. 놀이집과 같은 영구건물도 연극놀이에 활용될 수 있다. 관련 자료의 저장에도 유익하다.

(8) 영아 및 걸음마영역

영아 및 걸음마는 신선한 공기와 햇빛을 요구한다. 그리고 외부환경을 탐색하면서 즐거워한다. 영아 및 걸음마아가 사용할 외부공간을 설계할 때 고려해야 할 사항은 다음과 같다. 모든 영아와 걸음마아들에게 편리하며, 공간은 충분한 규모이어야 한다. 감각을 자극하며, 신기함, 다양성, 도전감을 제공한다. 안전하고 편리하도록 하며, 영아의 운동장은 미끄럼틀과 같이 구체적인 놀이를 안내하는 구조, 생활 물건과 기후조사와 같은 자연환경의 경험, 창의성을 제고하기 위한 개방목적의 활동영역이 요구된다.

4) 실외 물리적 환경

(1) 실외 물리적 환경의 조성

유아는 물, 모래, 진흙과 같은 자료들로 놀이를 통하여 학습하며, 실외환경의 사물들을 통제할 기회를 가짐으로써 학습을 촉진할 수 있다. 실외에 설치된 설비와 구조물은 유아들이 창의적 표현과 상상적 해석을 촉진할 수 있도록 하고, 유아들이 선택해서 활용할 수 있도록 해야 한다. 가능하다면 실외 활동은 실내 활동의 연장이면서 확장된 것이어야 한다.

(2) 실외 물리적 환경영역별 구성

실외의 물리적 환경은 안전규정을 준수하고, 자연의 특징을 살리고, 유아의 요구에 근거하여 설계되어야 한다. 그리고 유아의 신체적, 인지적, 사회적, 정의적 발달을 지원하며, 미적으로 아름답고, 유아의 모든 감각에 영향을 미쳐야 한다. 실외의 물리적 환경영역별 구체적 구성방법은 다음과 같다.

❶ 운동장

운동장은 유아의 요구를 충족시킬 수 있도록 설계되고, 교실의 확장이어야 한다. 외부놀이는 활동과 대근육 운동을 강조한다. 그리고 유아가 신선한 공기를 즐기고, 햇빛이나 자연의 아름다움을 즐기게 한다.

❷ 조경

조경은 환경의 심미성을 고려하고, 화단, 연못, 수목 등을 놀이공간 혹은 담장 부근에 설치하고, 운동장의 수목은 그늘이 많은 수목으로 한다. 조경은 운동장이 인간을 초대하고 놀이를 즐겁게 할 수 있는 곳으로 만들어야 한다.

❸ 저장

풍부하고 다양한 실외놀이 프로그램에는 실외 저장이 필수적이다. 이동 가능한 설비, 계절적 설비, 놀이영역의 기구 등을 저장하여야 한다. 실외에서 사용한 장난감이나 설비는 사용되는 곳 근처에 보관되어야 한다.

6. 교육기관 실내외 환경의 효율적인 관리방안

1) 실내외 환경의 시설관리 특성

시설설비의 관리는 유아의 교육, 보호 활동을 수행하기 위하여 시설 설비를 계획, 창조, 유지, 운영하는 활동이다. 시설설비는 기관의 물적자원의 효율적인 사용이 가능하고, 매력적이고 안정되고 운영상에 어려움이 없도록 구성되어야 한다. 그리고 과업 성취의 질 자체를 보장하지 않으며, 전체 학습환경의 일부로서 관리의 책임을 유아교육, 보육기관 구성원들 모두가 갖는다. 시설설비관리의 특성은 다음과 같다.

① 시설설비는 유아교육기관의 자산이지만, 유아들에게 질 높은 교육보호를 제공하겠다는 관심의 정도를 반영한다. 그리고 체계적으로 보수하고 개선하여 유아교육기관의 목적을 성취하는 데 효율적으로 사용될 수 있어야 한다.

② 시설설비의 효과적인 관리는 재산을 보호하고, 세심한 관리를 통해 보다 오랫동안 투자의 대가를 회수할 수 있도록 한다.

2) 시설설비관리의 유형

유아교육기관은 시설설비를 주기적으로 점검하고, 활용의 효율성을 확인하고 개선할 수 있어야 한다. 유아교육기관이 보유한 시설설비를 안전하게 관리하는 방법은 크게 안전점거의 실시, 설비교체 및 보수로 구분할 수 있다.

(1) 안전점검

안전 점검에는 일상점검과 정기점검, 그리고 정밀안전점검이 있다. 안전점검은 시설설비를 유지하고 관리하는 책임자에 의하여 매일 일상적으로 수행되는 순찰과 유사한 점검이다. 정기점검은 시설설비의 현재 상태를 정확하게 판단하고, 이전에 기록된 상태로부터 변화를 확인하며, 면밀한 육안점검과 간단한 측정기구에 의한 검사를 실시한다. 정밀안전점검은 기술과 경험을 갖춘 책임기술자의 지휘에 의해 건물의 상태를 종합적으로 진단하여 제시한다.

(2) 교체 및 보수

시설설비관리에서 시설 및 설비의 교체 및 보수에 관련된 유형에는 예방적 관리, 보수적 관리, 긴급관리가 있다. 예방적 관리 및 보수적 관리는 긴급관리를 예방하기 위한 것이며, 시설 및 설비가 언제든지 사용될 수 있도록 보수한다. 유아교육기관은 예방적 관리를 실시하기 위해 수행해야 할 과업을 연, 월, 주, 일별로 목록화 하고, 과업별로 책임자를 배정해야 한다.

(3) 시설설비관리의 방법

시설설비를 청결하게 하고 관리를 잘 하면 교직원들의 과업성취 노력을 극대화 할 수 있고, 유아들에게 최적의 학습 및 보육환경을 제공하여 목적의 성취를 극대화 할 수 있다. 시설설비를 관리하기 위한 조직은 시설설비별로 구성되어야 하고, 관리자는 관련된 시설설비와 대지 모두를 관리하여야 하며, 시설설비의 사용자를 감독하여야 한다.

(4) 시설설비의 활용

유아교육기관은 시설공간을 효율적으로 활용하고, 미래에 예상되는 시설공간의 요구를 효과적으로 충족시키기 위한 시설설비의 관리계획을 수립하여야 한다. 이를 위하여 시설별로 어떤 공간이 있고, 어떻게 사용되며, 누가 사용하고, 어떻게 사용되어야 하며, 어떤 공간이 더 필요하고, 어떤 공간이 철거되어도 좋은가 등을 규명하여야 한다. 시설설비의 활용에서 잠재적으로 가치를 극대화하기 위하여 사용자들에게 시설설비에 대한 오리엔테이션과 훈련을 실시한다.

3) 시설설비안전

(1) 유아사고의 원인

시설설비에 의한 사고는 유아에게 사망과 장애를 야기한다. 사고는 유아, 상해의 원인, 환경 간에 불안전한 만남의 결과이다. 그리고 심각한 건강, 사회, 경제적 문제를 야기한다. 유아의 사고는 차량사고, 화상, 독성, 낙마, 충격 등 다양하며, 기관의 특별한 관심이 요구된다. 사고는 신체적 요소에 관련하여 비정상적 신체발달, 발달지체, 감각결함 등이 있으며, 유아의 기질적 특성으로 인한 호기심, 모험, 높은 신체적 활동수준 등이 원인이 될 수 있다.

(2) 유아사고의 관리

유아는 안전한 환경에서 세심한 감독하에 탐색과 발달적 도전을 하여야 한다. 유아의 사고를 방지하기 위한 단계는 대개 다음과 같다. 즉, 발달상 적절하고 안전한 환경을 설정, 유지 감독한다. 그리고 교사는 유아의 사고를 방지할 책임을 갖고 있다. 그리고 안전한 행위를 유아에게 가르쳐야 한다. 교사는 안전한 환경과 행위에 대해 교육을 하였다고 방심할 수 없으며 환경의 영원한 안전은 없다. 그리고 안전규칙의 회상과 강화가 요구된다. 실내외에서 안전한 활동을 수행하기 위하여 계속적인 노력이 요구된다.

(3) 시설설비점검

사고를 방지하기 위해서는 환경 자체가 유아들에게 안전하여야 한다. 모든 설비가 유아가 사용하기에 안전한 것인지 살피고, 시설설비환경이 유아의 활동에 안전할 수 있도록 조성해야 한다. 기관이 안전한 환경을 확보하기 위해서는 유아가 위험이 없이 접근할 수 있는 영역, 유아의 발달수준에 차등을 둔 영역, 설비를 안전하게 운영하기 위한 절차의 준수, 유아 보호자의 전화번호목록 유지, 환경의 잠재적 위험의 확인 등이 요구된다.

(4) 교직원 전문성 확보

많은 사고는 빈약한 교직원의 훈련 때문에 야기된다. 불안전한 운동장 설비, 오름설비 아래의 부적절한 충격흡수재, 설비의 빈약한 관리는 운동장 사고의 많은 부분을 차지한다. 사고와 응급상황을 예방하고 처치하기 위한 가장 효과적인 전략은 전문화된 안전절차에 대하여 교직원들을 훈련하고 교육시키는 것이다. 유아들에 대한 감독은 교사가 활용할 수 있는 지속적인 예방적 전략이면서 중요한 보호적 안전전략이다. 따라서 교사는 유아의 시설설비사고를 이해하고 실제 생활에서 예방할 수 있는 전문성을 확보하여야 한다.

PART 02

실제편

건강영역 / 사회영역 / 언어영역 / 수영역

탐구영역 / 전통영역 / 실내놀이 / 실외놀이

건강영역 1

이빨왕국의 헨젤과 그레텔

활동목표

- 이에 좋은 음식과 이에 나쁜 음식에 대해 안다.
- 동화를 통해 자신의 생각을 자유롭게 표현한다.
- 이에 좋은 음식과 이에 나쁜 음식을 구분할 수 있다.
- 이에 좋은 음식을 먹는 습관을 기른다.

준비물

하드보드지 / 펠트지 / 고리 / 음식도안 / 실 / 바늘 / 솜 / 벨크로 테이프

제작방법

▣ 이빨왕국의 헨젤과 그레텔 동화책

① 하드보드지에 펠트지를 감싸고 접착제로 붙힌다.

② 하드보드지에 구멍을 내어 고리를 연결하여 책처럼 만든다.

▣ 펠트음식

① 각 음식의 도안을 그린다.

② 도안에 맞춰서 펠트지를 자르고 붙인다.

③ 뒷면에 벨크로(까슬이)를 붙힌다.

▣ 손인형

① 인형의 도안을 그린다.

② 프린트한 뒤 펠트에 맞춰 도안을 제작한다.

③ 인형에 솜을 넣고 꿰매어 입체감을 준다.

▣ 이에 좋은 음식, 이에 나쁜 음식 그림판

① 하드보드지에 펠트지를 붙인다.

② 얼굴모양의 펠트를 오린 후 이빨을 붙여 준다.

③ 이에 좋은 음식과 이에 나쁜 음식 그림을 프린트하여 코팅한다.

④ 음식 카드 뒤에 벨크로(까슬이)를 붙여준다.

활동방법

① 손인형을 통해 아이들의 주의를 집중시킨다.

② 이빨왕국의 헨젤과 그레텔 동화책을 들려준다.

③ 동화에 대해 이야기를 나누고 자신의 생각을 말한다.

④ 그림판을 이용해 이에 좋은 음식과 이에 나쁜 음식을 구분한다.

⑤ 이에 좋은 음식과 나쁜 음식에 대해 이야기를 나눈다.

⑥ 이에 좋은 음식과 이에 나쁜 음식에 대해 중점을 둔다.

건강영역 2

어떤 옷을 입을까요?

활동목표

- 날씨에 맞는 옷의 종류를 안다.
- 날씨의 변화에 관심을 갖는다.

준비물

날씨에 알맞은 옷과 물건 그림(여름 반팔과 반바지 / 샌들 / 털모자와 목도리 / 두꺼운 외투 / 털부츠 / 우산 / 비옷 / 장화)

제작방법

① 배경판은 노란 하드보드지로 한다.

② 남자와 여자아이, 더운 여름날, 추운 겨울날, 비 오는 날 그림을 찾아 프린트한다.

③ 그림을 오린 후 코팅을 한다.

④ 그림 뒤에 벨크로 테이프를 붙인다.

활동방법

① 아이들의 주의를 집중시키고 상황그림판을 보며 이야기 나눈다.

② 상황그림판과 날씨돌림판을 살펴보며 활동방법을 알아본다.

③ 순서대로 돌림판을 돌리면서 게임을 한다.

④ 배운 부분을 정리해서 이야기를 나눈다.

⑤ 차시예고를 해 준다.

- 혼자서 또는 두세 명의 유아가 할 수 있도록 활동방법을 안내한다.
- 날씨(계절)에 따라 적절한 옷 입기를 할 수 있도록 상호작용한다.

건강영역 3

반짝반짝 깨끗한 손

활동목표

- 손 씻기의 중요성을 안다.
- 손을 씻어야 하는 상황에 대해 알 수 있다.

준비물

우드락 / 모루 / 부직포 / 종이컵 2개 / 벨크로 / 머메이드지 2장 / 주사위 / 그림자료

제작방법

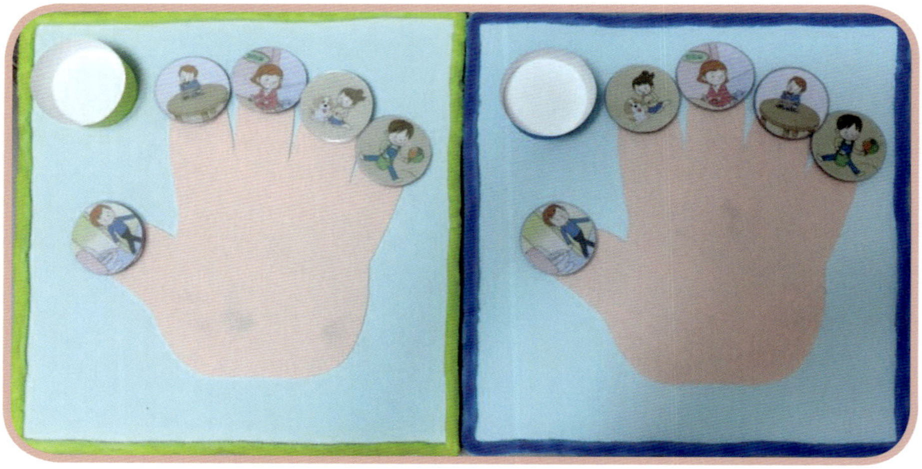

▣ 손 모양판

① 우드락 1개를 반으로 나눈 뒤 정사각형 모양이 되도록 자른다.

② 우드락의 가장자리에 모루를 감싸고 접착제로 붙힌다.

③ 부직포는 손 모양으로 2개 자른다.

④ 모루를 감싼 우드락 위 중심부분에 각각 손 모양을 붙힌다.

▣ 상황그림카드

① 각 상황그림을 프린트한 뒤 코팅한 후 오린다.

② 상황그림카드(보슬이)와 손 모양에 벨크로를 붙힌다 .

▣ 상황그림카드 보관함

① 노란색 종이컵과 파란색 종이컵을 가로방향으로 2/3 정도 오린다.

② 각각의 종이컵을 우드락에 붙힌다.

▣ 주사위

① 머메이드지를 주사위 도안 모양으로 오린다.

② 주사위에 들어갈 그림을 프린트한 뒤 오린 후 주사위 도안에 붙힌다.

③ 주사위 도안을 코팅하고, 오리고, 접은 뒤 붙힌다.

④ 완성된 주사위의 모서리 부분을 테이프로 잘 감아준다.

활동방법

① 간단한 손유희로 아이들을 주의집중 시키고 손 씻기 경험을 회상한다.

② 손 모양판에 상황그림카드를 붙힌다.

③ 상황그림카드를 보며 손을 씻어야 하는 이유에 대해서 이야기해 본다.

④ 가위, 바위, 보로 순서를 정한 후 이긴 유아가 먼저 주사위를 굴린다.

⑤ 주사위를 굴려 손 씻는 그림이 나오면 상황그림을 하나 떼어낸 후 종이컵에 넣는다.

(모래놀이를 하고 있는 그림이 나오면 상황그림을 뗄 수 없다.)

⑥ 상황그림을 먼저 떼어낸 유아가 이긴다.

⑦ 배운 부분을 정리해서 이야기를 나눈다.

- 손을 씻어야 하는 상황에 대해서 정확히 인지시켜 준다.
- 순서를 지켜서 활동에 참여할 수 있도록 지도해 준다.

건강영역 4

건강한 식사시간

활동목표

- 5개의 식품군을 알 수 있다.
- 몸에 이로운 영향을 주는 음식에 대해 알 수 있다.

준비물

식판 / 식품카드 / 식품군 도안 / 부직포 / 코팅지 / 우드락 / 솜 / 벨크로(까슬이, 보슬이)

제작방법

▣ 식판

① 식판 도안에 따라 부직포를 식판 모양대로 자른다.

② 자른 부직포를 식판 모양대로 겹겹이 붙인다.

③ 식판 모양 부직포 밑에 우드락을 붙여 단단하게 해 준다.

④ 식판 위에 음식을 붙일 벨크로(보슬이)를 붙인다.

▣ 식품군, 식품카드

① 음식, 식품군 도안을 인쇄한다.

② 인쇄한 도안을 자른다.

③ 자른 도안을 코팅하고 오린다.

④ 뒷면에 벨크로(까슬이)를 붙인다.

▣ 주사위

① 부직포로 주사위 6면을 만든다.

② 자른 부직포를 주사위 모양대로 박음질한다.

③ 안에 솜으로 채워 넣고 겉면에 식품군을 테이프로 붙여준다.

활동방법

① 식판을 보며 5개의 식품군에 대해 알아본다.

② 식품군에 비어 있는 부분을 채워보자고 한다.

③ 주사위를 던져 나오는 영역을 말한다.

④ 해당하는 영역에 비어 있는 부분의 식품카드를 골라 식판에 붙인다.

⑤ 식판의 영역을 먼저 모두 다 채우게 되면 승리한다.

⑥ 주사위를 굴리며 나온 수대로 뿅뿅이를 종이컵에 넣는 활동을 해 본다.

⑦ 식품을 골고루 먹고 편식하지 않기로 약속한다.

- 교사가 식품 이름을 얘기하면 유아도 같이 따라해 볼 수 있도록 지도해 준다.
- 모르는 부분이 있을 수 있으니 주사위를 던져 영역이 나올 때 어떤 음식이 있는지 알려준다.

건강영역 5

치아에 좋은 음식? 안 좋은 음식?

활동목표

- 치아에 좋은 음식과 안 좋은 음식을 안다.
- 치아에 좋은 음식과 안 좋은 음식을 구별할 수 있다.
- 치아에 좋은 음식이 왜 좋은지 이유를 알고 섭취할 수 있다.

준비물 하드보드지 / 음식그림 도안 / 펠트지 / 벨크로 테이프

제작방법

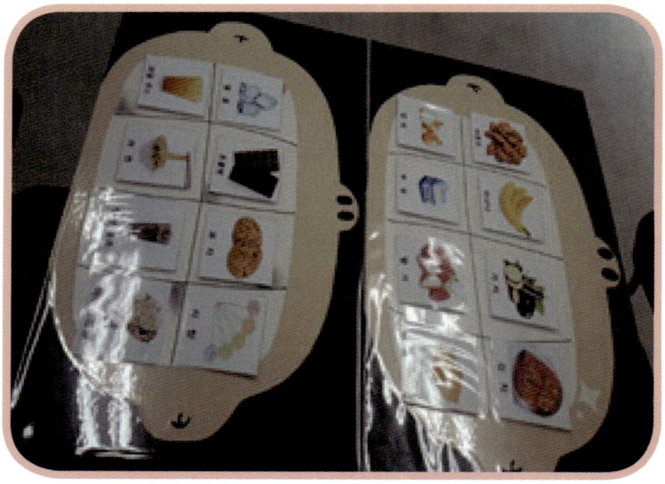

▣ 치아판

① 하드보드지에 검정색 펠트지를 감싸고 접착제로 붙힌다.

② 사람이 치아를 보여주고 있는 모습을 2개 그린 후 오린다.

③ 충치 치아는 치아의 일정 부분에 검은색을 칠한다.

④ 일반 치아는 깨끗함을 표현하기 위해 코팅을 한다.

⑤ 검은색 바탕에 치아를 붙이고 시트지로 감싼다.

⑥ 세울 수 있게 뒷부분에 지지대를 두고 안전을 위해 모서리를 둥글게 오리고 벨크로를 붙인다.

▣ 음식카드

① 실물 사진을 오리고 치아모양의 카드 뒷면에 벨크로를 붙힌다.

활동방법

① 견학을 다녀올 곳에 대해 이야기를 나누고 경험을 상기시킨다.

② 이에 좋은 음식과 안 좋은 음식에 대해 설명한다.

③ 다음 활동과 연계하고, 음식을 더 알아볼 수 있도록 격려한다.

- 음식카드 구별을 못하는 친구는 지켜보는 친구들의 도움을 받을 수 있도록 격려한다.
- 그림자료보다는 실제 사진자료를 활용하여 아이들의 이해력을 높인다.

건강영역 6

몸을 구석구석 씻을 수 있어요

활동목표

- 몸을 깨끗이 씻어야 하는 이유에 대해 관심을 가진다.
- 몸을 깨끗이 씻는 방법을 안다.
- 목욕용품의 사용방법에 대해 안다.

준비물 하드보드지 / 시트지 / 벨크로 테이프 / 그림 도안 / 펠트지

제작방법

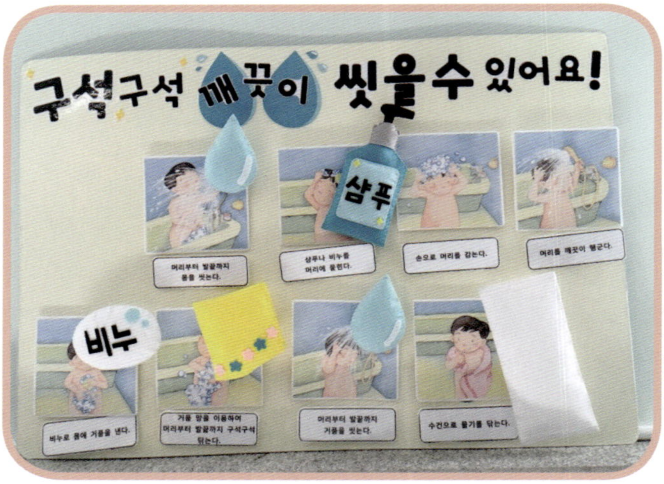

▣ 순서판

① 하드보드지를 시트지로 씌운다.

② 벨크로(까슬이)를 순서대로 붙일 수 있도록 8개 만들어서 붙인다.

③ EVA지를 이용하여 프린트한 그림사진을 알맞게 오려 떨어지지 않도록 붙인다.

▣ 목욕용품

① 샤푸, 비누, 수건, 물방울, 거품망의 도안을 그린다.

② 도안에 맞춰서 펠트지에 그린 후 오린다.

③ 만든 모양 안에 솜을 넣은 후 바느질한다.

④ 뒷면에 벨크로(보슬이)를 붙인다.

▣ 글자판

① 목욕순서에 대한 글씨를 프린트한다.

② 오린 후 코팅을 한다.

활동방법

① 몸을 씻을 때 사용하는 물건들의 종류와 이유, 안전에 대해 이야기 나눈다.

② 용품의 사용방법을 이야기 나눈 후 올바른 목욕순서에 대해 알아본다.

③ 목욕순서를 유아 스스로 예측하여 판에 붙여본다.

④ '목욕하는 순서' 수업내용을 회상하며 이야기 나눈다.

- 손이 닿지 않는 부분은 부모님께 도와달라고 해서 몸을 씻을 수 있도록 한다.
- 혼자 씻을 때에는 바닥이 미끄럽다는 것을 강조하며 설명한다.(안전)

사회영역 1

짝을 맞추어 보아요

활동목표

- 우리나라의 위인과 업적에 대해 알 수 있다.
- 옛날과 오늘날의 물건을 알 수 있다.
- 종 빨리 치기를 통해 순발력을 기를 수 있다.
- 눈과 손의 협응력을 기를 수 있다.

준비물

머메이드지 / 하드보드지 / 한지 / 코팅지 / 사진자료 / 종 / 색지 / 전통문양 종이 / 북코너 클립

제작방법

▣ 카 드

① 위대한 사람들, 업적, 옛날과 오늘날의 물건 그림을 프린트한다.(6.5cm×9cm)

② ① 그림을 잘라서 뒷면에 색상지(분홍색, 연두색, 하늘색)를 붙인다.(7.5cm×10cm)

③ ② 카드의 크기에 맞게 자른다.(6.5cm×9cm)

④ ③의 뒷면 색상지 위에 전통문양 종이를 덧대어 붙인다.(6.5cm×9cm)

⑤ ④ 카드를 코팅지에 넣고 코팅한다.

▣ 해답책

① 하드보드지에 전통문양 종이를 붙여 겉표지를 만든다.(16.5cm×25cm)

② 머메이드지를 지그재그로 접어 속지를 만든 후 사진 끼우는 스티커를 붙인다.

③ 위인들과 업적, 옛날과 오늘날의 물건에 대한 알맞은 설명과 짝을 지어 프린트한다.(12cm×9cm)

④ 머메이드지에 붙여 자른다.(13cm×10cm)

⑤ ④을 코팅한 뒤 ②의 속지에 끼운다.

⑥ 겉표지 모서리에 북코너 클립을 끼워 모서리 마모를 방지한다.

▣ 게임방법판

① 하드보드지를 잘라 전통문양 종이를 붙여 겉표지를 만든다.(26cm×28cm)

② 게임방법을 프린트한다.

③ 순서별로 잘라서 뒤에 파란색 머메이드지를 잘라 붙인다.

④ ③을 하늘색 색상지에 순서별로 붙인다.

⑤ ④를 코팅한 뒤 ① 위에 붙인다.

⑥ 겉표지 모서리에 북코너 클립을 끼워 모서리 마모를 방지한다.

■ 교구상자

① 교구가 들어갈 수 있는 적당한 크기의 상자를 하드보드지로 만든다.(28cm×31cm×8cm)

② 한지 등으로 ① 상자를 포장한다.

③ ②에 마감재를 발라 오염을 방지한다.

활동방법

① 두 명의 유아가 순서를 정한다.

② 하늘색 카드와 연두색 카드를 각각 집어 다른 사람에게 보여주지 않도록 한다.

(하늘색 카드와 연두색 카드에는 같은 그림이 있다.)

③ 분홍색 카드를 그림이 보이지 않도록 뒤집어 놓는다.

④ 두 명의 유아가 순서대로 카드를 뒤집어 놓는다.

⑤ 자신이 가지고 있는 카드와 연관이 있는 그림이 나오면 종을 치고 뒤집은 카드를 가져간다.(예: 자신이 가지고 있는 카드는 이순신장군 그림, 뒤집은 카드는 거북선이므로 가져갈 수 있다.)

⑥ 카드를 많이 가지고 있는 유아가 이긴다.

- 분홍색 카드를 뒤집기 전에 유아가 보지 않도록 해야 한다.
- 두 명의 유아가 하늘색 카드, 연두색 카드를 맞게 가지고 간다.
- 연령이 낮거나 처음 게임을 하는 유아들에게는 한 가지 주제로 게임을 진행하고 익숙해지면 여러 주제를 섞어서 활용해보기도 한다.(교사가 재량껏 활용한다.)
- 아이들이 게임을 하다가 어려움이 있을 때 해답판을 중간에 찾아볼 수 있도록 한다.

사회영역 2

똑같은 걸 찾아 보아요

활동목표

- 눈과 손의 협응력을 기른다.
- 우리나라 동화에 관심을 가질 수 있다.
- 게임을 통해 기억력을 향상시킬 수 있다.

준비물

코팅된 그림카드(설명용) / 사진 · 글자가 있는 카드 / 골판지 / 목공풀, 가위 / 우드락 / 하드보드지 / 한지(분홍색, 흰색, 노란색, 강아지발바닥 모양, 꽃모양) / 테이프 / 한지 마감제

제작방법

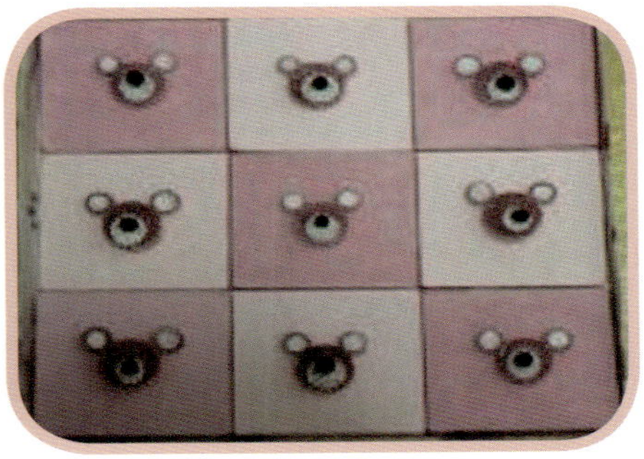

▣ 카드판

① 하드보드지에 9개의 카드가 들어갈 만한 크기를 자로 재고 테두리를 2cm로 하여 자로 재어서 자른다.

② 테두리는 칼집만 내어서 위로 올린다.

③ 테두리에 테이프를 붙인 후 한지로 감싼다.

④ 한지 마감제를 이용해 마무리한다.

■ **그림 · 글자카드**

① 코팅한 그림 또는 글자의 크기에 맞게 우드락을 자른다.

② 한지를 이용해 우드락을 감싸 준다.

③ 한지 마감제를 이용해 칠해 준다.

④ 붙인 그림 · 글자카드 겉쪽에 골판지를 이용해 손잡이를 만든다.

■ **개인판**

카드판과 같은 방법으로 아이들이 각자 가질 개인판을 만든다.(이때 처음 만든 카드판보다 수를 많게 만든다.)

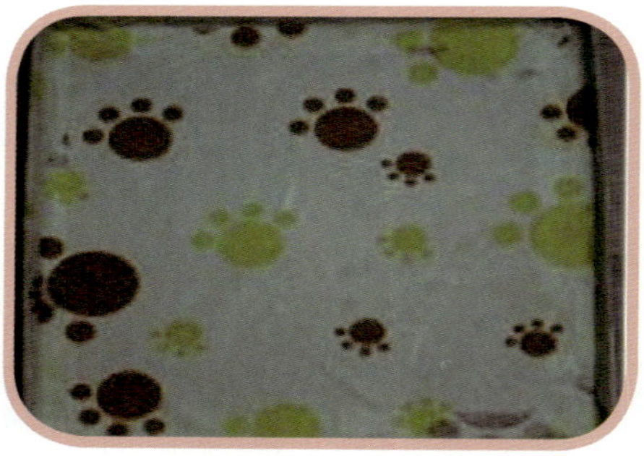

■ **설명판**

글자를 뽑아 하드보드지에 붙인다.

■ **수납상자**

하드보드지를 이용해 모든 교구가 들어갈 수 있는 크기로 자르고, 겉은 한지를 붙인 후 한지 마감제를 이용해 마무리한다.

활동방법

① 그림카드를 보며 동화를 익힌다.

② 두 명의 유아가 가위 바위 보로 순서를 정한다.

③ 이긴 유아가 먼저 그림만 모아놓은 곳과 글만 모아놓은 곳에서 한 개씩 뽑는다.

④ 같은 그림이 나올 경우엔 가지고 가서 자신의 판에 놓고, 다른 그림이 나왔을 때엔 다시 원래대로 뒤집어 놓는다.

⑤ 번갈아 가며 게임을 한 후 다 끝났을 때 더 많이 가진 유아가 이기는 게임이다.

- 아이가 기억을 하지 못해 계속 틀려 자신감을 잃을 수 있기 때문에 교사가 조금씩 도와주며 게임을 진행해야 한다.
- 그림, 글자카드를 집을 때 아이들이 쉽게 집을 수 있도록 위로 올라오게 만들어야 한다.

사회영역 3

우리나라 돈 모으기

활동목표

- 놀이를 통해 돈의 개념을 형성한다.
- 수 개념을 안다.
- 게임을 통해 흥미유발을 시킨다.

준비물

하드보드지 / 색종이 / 투명 시트지 / 여러 가지 물건사진 / 우리나라 돈 그림 / 칼 / 가위 / 풀 / 글루건 / 찍찍이 / 주사위 / 말

제작방법

▣ 게임판

① 하드보드지에 가로 5칸과 세로 10칸을 만들고 칸 안에는 찍찍이를 붙여 놓는다.

② 칸 사이 사이에 다른 곳으로 이동할 수 있는 다리를 그려 넣는다.

③ 1부터 50까지의 칸 안에 돈 그림을 붙인다.

▣ 말

고양이 인형(여러 가지 모양들)

▣ 주사위

하드보드지로 직육면체를 만들어 그 위에 부직포로 감싼다.

▣ 보관상자

① 하드보드지로 하드보드지 만한 크기의 상자를 만든다.

② 그 위에 부직포로 감싼다.

활동방법

① 순서를 정한다.

② 말을 정한다.

③ 주사위를 던져 나오는 수만큼 말을 이동한다.

④ 이동한 말에 나온 그림에 따라 하트를 가질 수 있다.(돈 그림이 나오면 하트를 가지고 하트판에 붙인다.)

⑤ 1에서 시작해서 말과 주사위를 통해 50까지 우리나라 돈을 많이 모아 하트를 많이 모으는 사람이 승리한다.

- 주사위를 차례대로 한 번씩만 던질 수 있도록 주의해야 한다.
- 주사위를 던져 나오는 그림에 따라 정확하게 움직일 수 있도록 주의한다.

사회영역 4

초가집 위의 박

활동목표

- 옛날 물건과 오늘날의 물건에 대해 알 수 있다.
- 그림의 특징을 알고 위치를 기억함으로써 연상 기억력을 증가시킬 수 있다.
- 눈과 손의 협응력을 키울 수 있다.

준비물

- **초가집** : 부직포(초록, 황토 색깔 등) / 하드보드지 / 압축 스티로폼
- **박, 카드** : 연두, 초록색 펠트지 / 벨크로 찍찍이 / 글루건 / 옛날 물건과 오늘날의 물건 관련 사진 각각 10cm×13cm 크기로 13장 이상 / 5cm×6cm 크기로 13장 이상 / 물건 설명서 / 벨크로 찍직이 / 박 / 카드 담아 놓을 가방.
- **초가집과 박이 들어갈 수납상자** : 폼 보드지 / 한지 / 마감재 / 여러 색의 펠트지 / 솜 / 칼 / 가위 / 풀 / 글루건 / 바늘 / 실

제작방법

▣ 초가집

① 배경 : 하드보드지 판(55㎝×40㎝) 밑에 초록색과 연두색, 흰색 부직포 등을 이용하여 배경을 꾸며 놓는다.

② 초가지붕 : 50cm×30cm의 황토색 부직포 2장으로 초가지붕 모양을 오려(하나는 약간 작게) 두 장을 겹쳐 꿰맨 후 솜을 가득 넣어 채운 후 마무리한다.

③ 글루건을 이용하여 하드보드지 판에 완성된 지붕을 붙인다.

- 하드보드지 뒷면에 압축 스티로폼을 붙여 판이 휘지 않게 도와준다.

▣ 박

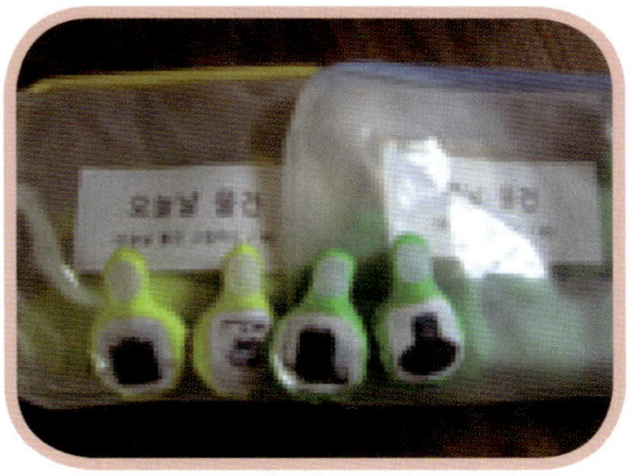

① 각 26장 이상의 7㎝×8㎝의 노랑, 연두 펠트지를 박 모양으로 오린 후 두 장을 겹쳐 꿰맨 후 솜을 넣어 각각 13개 이상의 박을 완성한다.

② 완성된 박 뒤 위에는 찍찍이를, 몸통에는 옛날 물건과 오늘날의 물건사진(6㎝×5㎝)을 코팅하여 붙인다.(실을 이용하여 꿰맨다)

③ 10cm×13cm 크기의 그림카드 뒤에 설명을 붙인 후 각각 코팅해 놓는다. 부직포를 이용하여 담아놓을 케이스를 제작한다.

④ 완성된 박과 카드를 담아 놓을 비닐 가방을 준비한다.

▣ 바구니

펠트지를 이용하여 25cm×20cm 바구니 2개를 만들어 꾸민다.

▣ 오늘날의 물건과 옛날 물건

가마솥과 전기밥솥, 빨래방망이와 세탁기, 맷돌과 믹서기, 다듬잇돌 다듬이 방망이(인두)와 다리미, 주판과 전자계산기, 갓과 모자, 가마와 자동차, 한복과 옷, 항아리와 김치냉장고, 짚신과 운동화(구두), 부채와 선풍기, 버선과 양말, 등잔과 스탠드(전기) 등

▣ 수납상자

초가집이 들어갈 수 있을 정도의 상자를 폼 보드지를 이용하여 제작한 후 한지를 붙인다. 한지가 찢어지지 않도록 마감제를 발라 코팅해 놓고, 박스가 크므로 들기 편하게 양 옆에 손잡이를 단다.

활동방법

① 옛날 물건과 오늘날의 물건에는 무엇이 있으며 같은 점과 차이점을 이야기해 본다.

② 두 명의 어린이가 나와 지붕 위에 달려 있는 박을 가장 먼저 딴 친구가 승리하는 게임

- 가위 바위 보로 순번을 정한다.
- 옛날 물건과 오늘날의 물건 박을 동시에 초가지붕에서 떼어, 기능이 같은 그림이면 자기 바구니에 담고, 틀리면 지붕 위에 다시 붙여 놓은 후 다른 친구에게 기회를 넘긴다.
- 지붕 위에 박이 다 없어지면 자기 바구니의 박을 세어 보고 많이 딴 친구가 이기는 게임이다.
- 우리나라 절기와 절기의 특징 사진 등 다른 박을 제작하여 바꿔 붙인 후 게임을 진행 할 수 있다.
- 발달연령에 따라 박의 개수를 줄일 수도 있고 늘릴 수도 있다.
- 떼었다 붙였다를 반복해야 하므로 초가지붕은 물론 박을 튼튼하게 제작한다.
- 박에 여러 그림들을 붙여 사용하면 다른 영역과도 연결이 가능하다.

사회영역 5

도미노를 세워요

활동목표

- 아이들의 집중력을 높일 수 있다.
- 눈과 손의 협응력을 키울 수 있다.
- 우리나라 음식, 악기, 놀이에 대해 알 수 있다.

준비물

하드보드지 / 과자 각 반으로 자른 것 / 포장지 / 가위 / 풀 / 그림카드 / 우드락 / 색지 / 색테이프 / 시트지

제작방법

▣ **도미노**

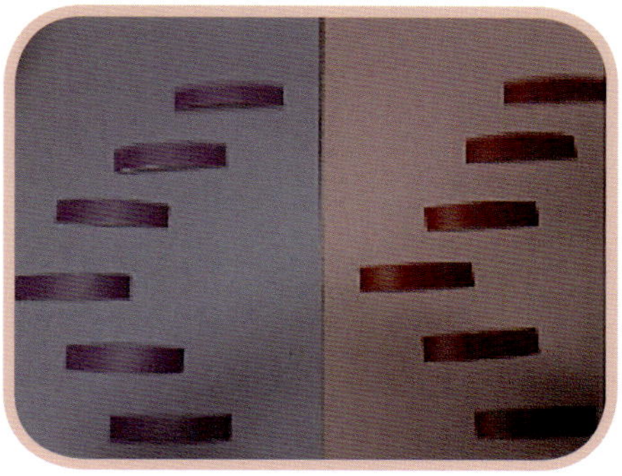

① 빼빼로 과자 각을 반으로 자른다.

② 반으로 자른 각에 뚫린 부분을 우드락 옆면에 양면테이프를 붙여 막아준다.

③ 과자 각에 포장지로 감싼다.

④ 포장지로 감싼 각에 그림카드를 붙인다.

■ **그림카드**

① 음식, 놀이, 악기에 맞는 그림을 뽑은 후 코팅한다.

■ **개인판**

① 하드보드지를 반으로 잘라 두 개의 판을 준비한다.
② 두 판에 각각 다른 색지를 붙인다.
③ 색지를 붙인 판에 도미노를 세울 부분에 맞게 색테이프를 붙인다.
④ 시트지를 붙여 마무리한다.

■ 주사위

① 우드락을 정사각형으로 6개 자른다.

② 자른 우드락을 주사위 모양으로 만든다.

③ 주사위에 색지를 붙인다.

④ 각 면에 음식, 놀이, 악기 글자를 붙인다.

활동방법

① 개인판을 나누어 준다.

② 가위, 바위, 보로 순서를 정한다.

③ 이긴 유아가 먼저 주사위를 던진다.

④ 주사위를 던져 나온 단어에 해당하는 그림이 붙여져 있는 도미노를 찾아 자신의 판에 세운다.

⑤ 자신의 판에 도미노를 다 세운 유아가 승리하는 게임이다.
다 세운 도미노는 유아들이 같이 쓰러뜨려 본다.

- 도미노 안에 무게감을 주기 위해 지점토나 신문지를 채워넣는다.
- 도미노가 찌그러지지 않도록 잘 보관한다.
- 재미를 위해 도미노 세우는 수를 더 늘릴 수 있다.

사회영역 6

세계 여러 나라 전통 의상(이야기 나누기)

활동목표

• 세계 여러 나라의 의상의 특징을 알 수 있다.

준비물

하드보드지 / 두꺼운 도화지 / 시트지 / 코팅지 / 투명 시트지 / 그림자료(여러 나라 전통 의상) / 색테이프

제작방법

① 하드보드지를 직사각형으로 자른다.

② 자른 하드보드지 위에 투명 시트지를 붙인다.

③ 두꺼운 도화지를 하드보드지 안에 들어갈 수 있게 자른다.
④ 두꺼운 도화지 위에 그림자료를 붙인다.
⑤ 그림자료를 붙인 두꺼운 도화지를 코팅한다.
⑥ 하드보드지를 겹쳐놓고 그 안에 코팅한 두꺼운 도화지를 끼우고 투명시트지로 붙인다.
⑦ 양쪽으로 하드보드지로 다 붙이고 그 위에 여러 의상을 붙인다.
⑧ 색테이프로 마무리한다.

활동방법

① 지난 시간에 들었던 꼬마 삼보 이야기를 다시 한 번 생각할 수 있게 이야기 나누기 한다.
② 교사가 여러 의상 그림을 보여주면서 어느 나라의 전통 의상인지 물어본다.
③ 여러 나라의 의상을 보여주고 그 특징에 대해서 이야기 나누기 한다.

사회영역 7

세계 여러 나라의 모자

활동목표

- 세계 여러 나라의 모자에 대해 배워 본다.

준비물

하드보드지 2개 / 시트지 / 색지 / 그림자료(국기, 모자그림, 나라 이름, 모자 설명) / 고리

제작방법

① 첫 번째 하드보드지에 국기를 붙인다.

② 다음 하드보드지에는 모자그림과 그 뒷면에 이름과 특징을 쓴다.

③ 투명 시트지로 싼다.

④ 왼쪽 윗부분에 송곳으로 구멍을 뚫는다.(두 장 모두)

⑤ 고리에 두 장을 연결한다.

⑥ 위 같은 방법으로 5~6개의 나라를 더 만든다.

활동방법

① '모자장수와 원숭이' 동화내용을 다시 짧게 이야기해 본다.

② 모자의 유래나 모자를 언제 쓰는지 등을 간단하게 물어보면서 이야기를 나눈다.

③ 나라의 국기를 보여 준 다음 그 나라에 대해 간단히 설명한다.

④ 그 다음 모자를 보여 주고 모자가 어떻게 생겼는지, 무엇으로 만들었는지 상상해보게 하고 이야기해 본다.

⑤ 교사가 그 모자의 특징을 자세히 설명해 준다.

⑥ 여러 개의 모자를 보여준 후 어떤 모자가 좋았는지를 물어보면서 다시 한 번 알게 된 내용을 다시 생각해보게 한다.

언어영역 1

암호풀이를 해봐요

활동목표

- 우리나라의 악기이름을 안다.
- 우리나라의 악기의 종류와 특징을 안다.

제작방법

▣ 암호 풀이판

① 우드락을 반으로 자른다.(40cm×28cm)

② 빨간색, 주황색, 노란색, 초록색, 파랑색, 남색, 보라색, 연두색, 분홍색을 동그란 모양으로 예쁘게 자른다.

③ 준비된 자료를 잘라서 각 동그라미에 한 글자씩 넣어 붙인다.

④ 암호와 같이 적혀 있는 단어를 잘라서 색상지에 예쁘게 붙인다.

⑤ 마지막으로 시트지로 울지 않도록 조심히 감싼다.

▣ 그림카드

① 4절 하드보드지 1장당 8개의 사각형이 나오도록 자른다.

② 자른 하드보드지 위에 악기사진을 붙인다.

③ 그 옆에 암호로 악기이름을 표시한다.

④ 암호 밑에 찍찍이를 붙여 준다.

⑤ 하드보드지 뒤에다 각각의 악기에 대한 설명을 붙여 준다.

⑥ 시트지로 감싸 준다.

⑦ 마지막으로 11장의 그림카드를 모은 후 고리로 묶어 준다.

▣ 글자카드

① 단어 한 글자씩 자른다.

② 자르고 암호와 같은 색의 색상지 위에 붙인다.

③ 코팅을 한다.

④ 코팅을 한 후 조금의 여백을 남긴 후 다시 자른다.

⑤ 뒤에 찍찍이를 붙인다.

활동방법

① 암호 풀이판을 보고 암호와 글자를 외워 본다.
② 그림카드를 열고 악기사진을 보고 어떤 악기일지 생각해 본다.
③ 뒤에 적혀 있는 악기에 대한 설명을 읽어 본다.
④ 풀이 판에 있는 암호에 맞는 글자를 찾아서 붙여 본다.
⑤ 무슨 악기인지 암호를 맞춰 본다.(그림의 악기이름을 알게 된다.)
⑥ 그림카드에 있는 암호와 글자를 맞게 넣는다.
⑦ 글자카드, 그림카드가 분실되지 않도록 주의해 보관해야 한다.

언어영역 2

자음 가위, 바위, 보

활동목표

- 자음 모음에 대해 안다.
- 지식 발달에 도움이 된다.

준비물

- **게임판** : 하드보드지 / 글루건 / 펠트지 / 가위
- **바둑판** : 하드보드지 / 글루건 / 펠트지
- **상자** : 하드보드지 / 한지 / 글루건 / 테이프
- **바둑알** : 자석 / 펠트지 / 가위 / 글루건
- **자음 주머니** : 자음(프린트 후 코팅) / 글루건 / 자석 / 펠트지 / 가위
- **단어 주머니** ; 단어(프린트 후 코팅) / 글루건 / 자석 / 펠트지 / 가위

제작방법

▣ 게임판

① 하드보드지를 알맞게 자른다.

② 펠트지를 알맞게 자른 후 하드보드지에 붙인다.

③ 게임판을 펠트지로 꾸며준다.

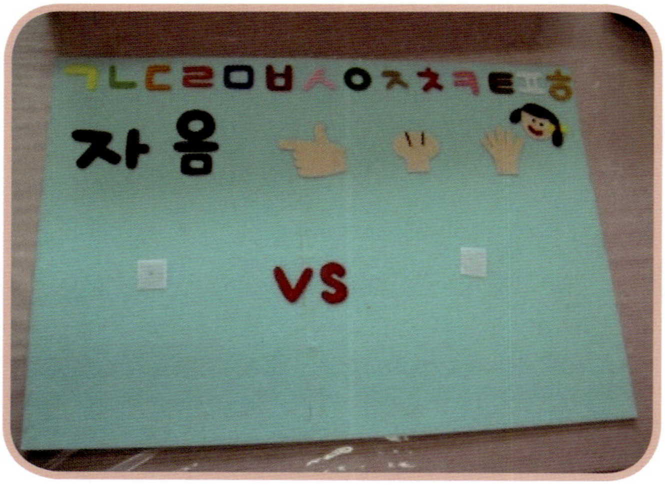

▣ 바둑판

① 하드보드지를 알맞게 자른다.

② 연필로 바둑판을 그린 후 칸마다 자석을 붙인다.

③ 하드보드지 위에 펠트지를 붙인다.

▣ 상자

① 하드보드지를 알맞게 자른다.

② 글루건으로 하드보드지를 붙인다.

③ 풀로 하드보드지에 한지를 붙인다.

④ 다 붙친 후 검정 테이프로 테두리를 붙여준다.

▣ 자음 주머니

① 펠트지를 알맞게 2개를 자른다.

② 양옆과 아래 부분을 글루건으로 붙인다.

③ 자음을 프린트한다.

④ 자음을 코팅한다.

⑤ 코팅한 것을 가위로 자른다.

⑥ 자음 주머니에 넣는다.

▣ 단어 주머니

① 펠트지를 알맞게 자른다.

② 양옆과 아래 부분을 글루건으로 붙인다.

③ 단어를 프린트한다.

④ 단어를 코팅한다.

⑤ 코팅한 것을 가위로 자른다.

⑥ 단어 주머니에 넣는다.

활동방법

▣ 인식

① 자음에 대해 이야기를 나눈다.

- 자음이 무엇인지 알고 있니?
- 자음 모음은 누가 만들었을까?

▣ 탐색

② 자음판, 게임판을 제시한다.

- 자음을 다 같이 읽어볼까?
- 선생님이 게임 설명을 해줄게.
- 나와서 게임해볼까?

▣ 탐구

③ 게임 설명을 해 준다.

- 자음 획의 수를 세서 더 많은 수가 이기는 거야.

④ 팀을 나눈다.

- 가위 바위 보를 외친 후 자음 주머니에서 하나씩 꺼내어 붙이는 거야.

⑤ 누가 이겼는지를 따져 본다.

- 누가 이겼을까? 우리 획을 한번 세어볼까?

⑥ 이긴 자음엔 무슨 단어가 있는지 알아본다.

- ㅁ이 이겼어. ㅁ으로 시작하는 단어는 무슨 단어가 있을까?
- 만두라는 단어와 미술이라는 단어가 있어.

▣ 적용

⑦ 활동을 마무리한다.

- 자음과 단어를 좀 알 것 같니?

⑧ 너무 자음에만 몰두하지 말고 모음도 같이 해야 한다.

⑨ 자음 분실 우려가 있으니 게임이 끝나면 제자리에 잘 가져다 놓는다.

언어영역 3

재미있는 한글

활동목표

- 글자를 찾아 읽어보고 그것이 무엇인지 안다.
- 우리나라의 글자 모양에 관심을 갖는다.

준비물

나뭇가지 / 둥근 스티로폼 / 클립 / 옷핀 / 한지 / 가위 / 풀 / 글루건 / 하드보드지 / 색종이 / 글자카드

제작방법

▣ 감나무

① 나뭇가지를 글루건을 사용해 나무모양으로 만든 뒤, 옷핀 여러 개를 꽂아 뒤에 튀어나온 핀의 부분을 둥글게 말아준다.

▣ 글자감

① 둥근 스티로폼에 한지와 색종이를 사용하여 감을 만들고 거기에 글자를 붙인다.

② 감으로 만든 스티로폼에 클립을 사용하여 고리를 만든다.

▣ 글자카드

① 글자를 프린트해서 글자카드를 만든다.

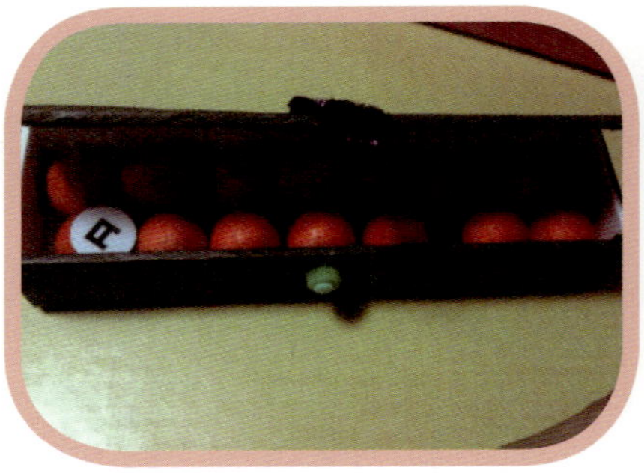

활동방법

① 글자카드에 있는 단어를 보고 감에 쓰여 있는 자음을 골라 바구니에 담아 상대방에게 지시한다.

② 상대방에게 자음을 제시한 후에는 말이나 몸짓으로 힌트를 준다.

③ 상대방이 그 힌트를 보고 글자를 맞추면 된다.

- 연령에 따라서 글자카드를 선택한다.

수영역 1

공굴리기 놀이

활동목표

- 우리나라에 대한 퀴즈를 풀어보면서 쉽게 접근한다.
- 손과 발의 활동으로 대근육 발달을 할 수 있다.
- 친구들과 게임을 통해서 규칙과 방법을 알 수 있다.

준비물

우유팩 7개 / 하드보드지 / 색지 / 숫자(1~7) / 공 / 시트지 / 퀴즈카드 / 해답지판, 상자 / 찍찍이 / 게임설명판 / 한지 / 색테이프

제작방법

〈공 넣을 우유팩〉

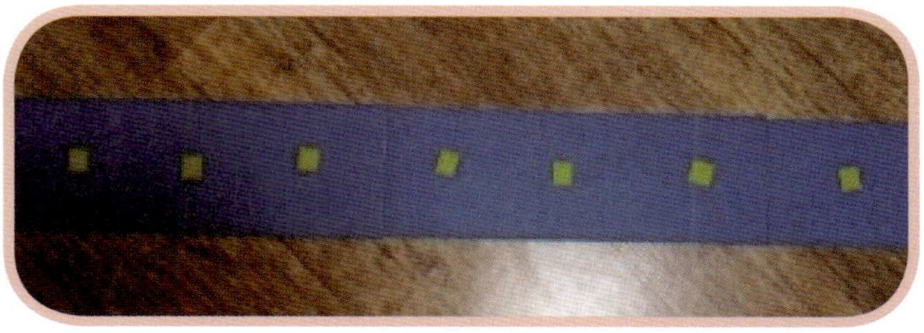

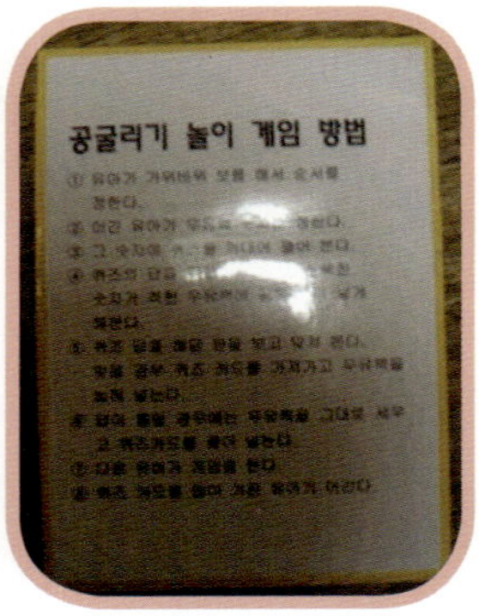

▣ 비석

① 우유팩을 씻어서 말린다. 위 세모 부분을 자른다.

③ 우유팩의 겉을 한지로 붙인다.

④ 한지로 붙인 모서리를 색테이프로 한지가 떨어지지 않게 붙인다.

⑤ 우유팩 7개 앞면에 1~7까지 숫자를 차례로 붙인다.

⑥ 우유팩 7개 한 개씩 밑면에 찍찍이를 붙이고 다른 4면에 한쪽에도 찍찍이를 붙인다.

▣ 퀴즈카드

① 우리나라에 관련된 퀴즈를 만들어 프린트한다.

② 퀴즈카드를 색지에 받쳐서 붙인다.

③ 그 위에 코팅을 한다.

▣ 받침판

① 하드보드지를 한 개의 우유팩 밑면 세로의 길이를 재고, 가로로는 7개의 우유팩 길이로 잰 후 자른다.

② 7개의 우유팩이 자른 하드보드지에 부직포로 붙인다.

③ 자른 하드보드에 우유팩 하나씩 둘 부분에 찍찍이를 붙인다.

▣ 해석판

① 하드보드지를 반으로 자른다.

② 반으로 자른 하드보드지를 또 다시 반으로 잰 후 칼로 반쯤 그어 놓는다.

③ 반으로 접히는 왼쪽 하드보드지에 해석이 되어 있는 프린트된 종이를 붙인다.

④ 다른 한쪽은 순서대로 퀴즈에 관한 사진을 붙인다.

▣ **게임설명판**

① 하드보드지 반으로 자른다.

② 게임방법을 워드로 작성하여 인쇄한다.

③ 하드보드지에 인쇄한 것을 붙인다.

④ 시트지를 붙인다.

활동방법

① 유아가 가위 바위 보를 해서 순서를 정한다.

② 이긴 유아가 우유팩 숫자를 정한다.

③ 그 숫자에 퀴즈를 꺼내어 풀어 본다.

④ 퀴즈의 답을 말한 후 공으로 선택한 숫자가 적힌 우유팩에 공을 굴러 넣게 해 본다.

⑤ 퀴즈 답을 해답판을 보고 맞춰 본다. 맞을 경우 퀴즈카드를 가져가고 우유팩을 눕혀 넣는다.

⑥ 답이 틀릴 경우에는 우유팩을 그대로 세우고 퀴즈카드를 꽂아 넣는다.

⑦ 다음 유아가 게임을 한다.

⑧ 퀴즈카드를 많이 가진 유아가 이긴다.

- 퀴즈카드를 다음 유아가 보지 않도록 잘 뒤집어서 넣는다.
- 유아가 공을 잘 굴려 비석치기를 할 수 있도록 도와준다.
- 우리나라에 대한 퀴즈를 풀고 답의 해석을 유아가 이해할 수 있도록 도와주어야 한다.

수영역 2

우리나라 음식 제비뽑기

활동목표

- 손의 협응력을 길러 준다.
- 우리나라 음식과 외국 음식을 비교하여 구별할 수 있다.
- 수 세기를 할 수 있다.

준비물

- **게임판** : 하드보드지 / 색상지(보라색, 하얀색, 초록색, 갈색) 시트지, 찍찍이, 제비뽑기 상자 / 음식그림 자료
- **말** : 웃는 표정 포도 알(코팅) / 가위 / 찍찍이
- **주사위** : 두꺼운 도화지 / 펠트지 / 글루건 / 색테이프

제작방법

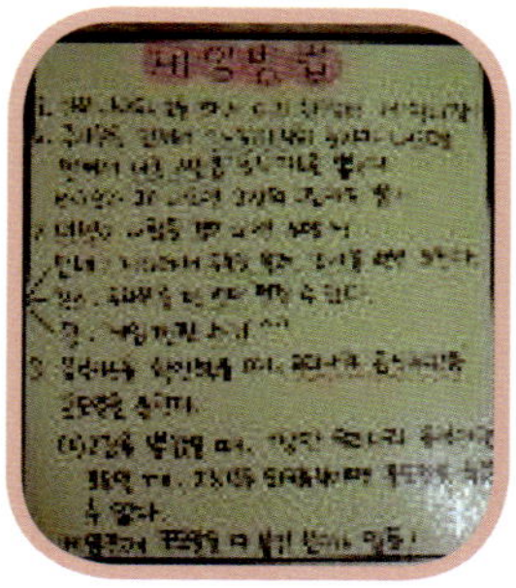

▣ 게임판

① 하드보드지 2장을 준비한다.

② 2장의 하드보드지에 하얀색, 초록색, 갈색 색상지를 이용해서 포도송이 모양을 붙인다.

③ 포도송이를 붙인 게임판을 시트지로 붙인다.

④ 시트지를 붙인 게임판 위에 포도알(19개)마다 찍찍이를 붙여 마무리한다.

▣ 포도알

① 보라색 색상지를 동그라미 모양으로 오린다.(각각 19개씩 38개)

② 동그랗게 오린 포도알에 웃는 표정 그림을 그려 넣는다.

③ 그림을 그려 넣은 포도알을 코팅한 후 모양대로 자른 후 뒷면에 찍찍이를 붙인다.

▣ 제비뽑기카드

① 우리나라 음식과 외국 음식의 여러 종류 그림자료를 적당한 크기로 프린트한다.

② 프린트한 그림자료를 코팅을 해서 적당한 크기로 자른다.

③ 통 안에 그림카드를 꽂아둔다.

▣ 주사위

① 두꺼운 도화지에 주사위 모양 도안을 그린 후 가위로 오려 주사위를 완성시킨다.

② 완성된 주사위를 펠트지로 감싸 붙인다.

③ 펠트지로 1~3 숫자와 꽝, 만세, 찬스 글자를 오린 후 글루건으로 붙여준다.

④ 모서리 부분을 색테이프를 붙여 마무리한다.

활동방법

① 유아 2명이 나와서 게임 판을 각자 나눠가진다.

② 가위 바위 보를 해서 이긴 유아부터 차례로 주사위를 던진다.

③ 주사위를 던져 1~3까지의 숫자가 나오면 주사위를 던져 나온 수만큼 제비뽑기를 한다. (예: 주사위를 던져 숫자 2가 나왔을 경우 상자에서 2장의 그림카드를 뽑는다. 단, 미션이 나왔을 경우 미션 수행을 한 후 게임을 한 판 쉰다.)

④ 제비뽑기한 카드를 확인했을 때 우리나라 음식이 나온 수만큼 포도알을 게임판에 붙인다.(예: 2장의 그림카드를 뽑았을 때 한 장만 우리나라 음식이면 포도알 1개를 붙일 수 있고, 2장 모두 외국 음식이면 포도알을 붙일 수 없다.)

⑤ 게임판에 포도알을 다 붙인 유아가 승리

- 제비뽑기할 그림카드를 모자라지 않게 충분히 준비한다.
- 주사위를 던져 미션이 나왔을 때 차례가 엉켜 어수선해질 수 있으므로, 미션 수행 후 주사위를 던질 수 있도록 교사는 지도하는 데 유의한다.
- 음식카드를 뽑았을 때 음식이름을 모를 수도 있으므로 음식이름을 적어 둔다.

수영역 3

다 같이 던져 봐요

활동목표

- 과녁판에 동그라미 수를 보고 수 개념을 형성한다.

준비물 부직포 / 나무젓가락

제작방법

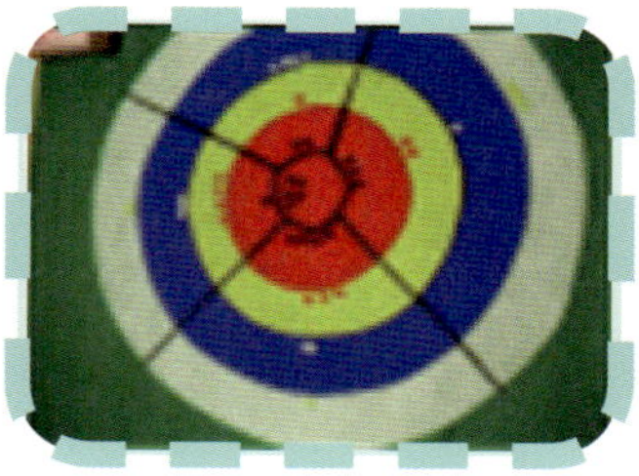
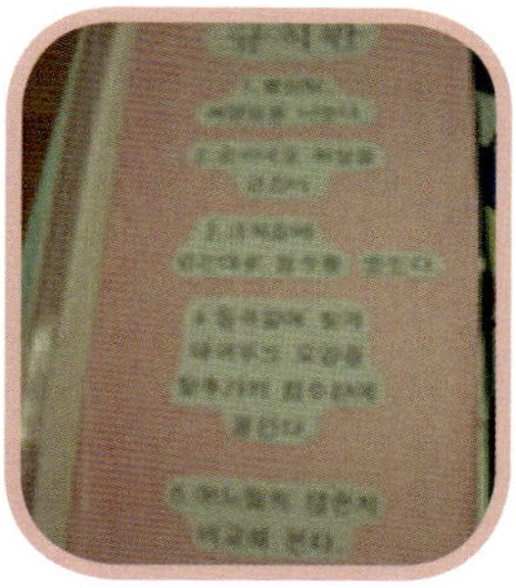

① 큰 직사각형 부직포 융을 놓는다.

② 그 위에 부직포 융을 원으로 붙인다.

③ 부직포융을 색깔별로 크기별로 붙여서 원으로 만든다.

④ 동그란 스티로폼을 한지로 색깔별로 붙이고, 한 면에 찍찍이를 붙인다.

⑤ 반대면에 나무젓가락을 꽂고 한지로 파랑색, 빨강색을 붙인다.

⑥ 점수를 표시해줄 태극무늬를 반으로 나눠 색깔별로 만든다.

⑦ 그 뒷면에는 찍찍이를 붙인다.

활동방법

① 과녁판을 벽에 걸어놓고 적당히 떨어진 곳에 출발선을 그어 놓는다.

② 출발선에 서서, 화살을 잡아, 과녁을 향해 던진다.

③ 화살이 붙으면, 과녁판에 있는 동그라미 규칙대로 각자 팀의 태극무늬 색깔을 하나씩 늘려간다.

④ 그 규칙에 맞도록 팀의 점수를 낸다.

⑤ 놀이가 끝난 후 판에 붙여진 태극무늬의 개수를 세어본다.

⑥ 화살을 다른 유아에게 던지지 않도록 유의한다.

수영역 4

내가 달고 싶은 배꼽은?

활동목표

- 이동을 하거나 행동을 할 때 질서를 지킬 수 있도록 한다.

준비물

하드보드지 / 시트지 / 부직포 / 과일사진 / 색상지 / 까슬이

제작방법

① 5가지 과일사진을 6개씩 준비한다.

② 하드보드지에 부직포를 붙인다.

③ 제목과 과일사진에 시트지를 붙인다.

④ 과일사진 뒤에 까슬이를 붙인다.

⑤ 색상지로 칸을 만들고 옆에 1~5까지 숫자를 코팅해서 붙인다.

활동방법

① 아이들에게 동화책을 들려준다.

② 동화책을 들려 준 후 아이들이 좋아하는 과일을 조사해 본다.

③ 몇 가지 과일이 준비된 교구를 보여주면서 하고 싶은 과일 배꼽을 직접 붙여보도록 한다.

④ 다 붙여진 그래프를 보고 아이들과 가장 많이 나온 과일과 적게 나온 과일의 개수를 세어본다. 또 가장 많이 나온 과일과 적게 나온 과일의 차이도 같이 세어보면서 수를 이해시킨다.

수영역 5

거인 아저씨 배꼽은 귤 배꼽이래요

활동목표

- 달에 대해 정확히 알 수 있다.
- 숫자에 대해 이해할 수 있다.
- 게임 순서도의 개념을 알 수 있다.

준비물 하드보드지 1장 반 개 / 시트지 / 그림자료 / 말 2개 / 사절지 1장 / 색종이

제작방법

① 게임 순서도를 만든다.

② 투명 시트지로 순서도를 싼다.

③ 게임판을 만든다.

④ 투명 시트지로 게임판을 싼다.
⑤ 주사위를 만든다.
⑥ 달 사진 그림과 숫자를 붙인다.
⑦ 투명 시트지를 싼다.
⑧ 그림을 컬러 복사해 투명 시트지에 싸고, 말을 만든다.
⑨ 달 사진자료를 크게 뽑아 투명 시트지로 싼다.

활동방법

① 거인 아저씨에 대해 이야기 나눈다.
② 달에 대해 이야기 나눈다.
③ 달 사진자료를 보여주고 느낌을 물어본다.
④ 게임 순서도를 제시한다.
⑤ 유아와 함께 순서도를 읽는다.
⑥ 게임판을 보여준다.
⑦ 유아가 스스로 게임을 할 수 있게 수영역에 둔다.
⑧ 게임한 느낌을 물어보고 마무리한다.

수영역
6

귤 따기 게임

활동목표

- 수개념 발달을 돕는다.
- 게임을 통해 규칙을 경험하고 지켜야 함을 안다.

준비물 하드보드지 / 투명시트지 / 색지 / 까슬이 / 보슬이 / 펠트지 / 접착제

제작방법

① 하드보드지로 나무 모양으로 만들고, 귤을 여러 개 만들어 까슬이, 보슬이를 이용해 떼었다 붙였다 할 수 있게 만든다.

② 네모난 스펀지에 펠트지를 싸서 주사위를 만든다.

③ 노란색 하드보드지에 검은 색지를 붙이고, 귤 모양을 붙여서 게임판 틀을 만들고 가운

데에 그림을 넣어 게임판을 완성한다.

④ 하드보드지에 게임방법을 적어 게임규칙판을 만든다.

활동방법

① 두 유아가 가위 바위 보를 해서 순서를 정한다.

② 이긴 사람이 먼저 주사위를 던져 나온 수만큼 칸을 이동한다.

③ 칸에 적혀 있는대로 귤을 따거나 귤을 다시 붙이고 한 칸 앞으로 가거나 한 칸 뒤로 간다.

④ 꽝이 나오면 다음 차례로 넘어간다.

⑤ 마지막에 귤을 더 많이 딴 사람이 승리한다.

탐구영역 1

공 던지기 게임

활동목표

- 대근육 발달을 돕는다.
- 일대일 대응을 할 수 있다.
- 우리나라의 전통문화에 대해 알 수 있다.

준비물

부직포(흰색 2, 갈색, 검은색, 빨간색, 파란색, 노란색 2, 하늘색, 살색, 황토색, 연두색, 아이보리색) / 찍찍이(분홍, 하늘, 연두, 노랑) / 탁구공 20개 / 칼 / 가위 / 풀 / 하드보드 4개 / 테이프 / 색테이프(초록) / 자 / 글루건 / 바구니(분홍, 하늘, 연두, 노랑) / 지퍼백 / 양면테이프

제작방법

▣ 부직포판 만들기

① 초가집, 태극기, 한복(여자/남자), 탈을 부직포를 사용하여 만든다.

② 부직포로 태극기, 탈, 초가집, 한복을 만든 후에 태극기는 흰색, 탈은 노란색, 초가집은 아이보리색, 한복은 연두색으로 배경을 만들어 준다.(크기는 36cm×28cm)

▣ 공 만들기

① 색찍찍이를 네모모양으로 자른 후 끝부분을 조금 둥그렇게 잘라준다.

② 탁구공에 자른 색찍찍이를 붙여준다.

(상자의 색과 같게 만든다. 예 : 상자 하늘색 - 탁구공 하늘색 찍찍이)

▣ 바구니 꾸미기

① 각자의 이름을 프린트한다.

② 프린트한 것 뒤에 부직포를 붙인다.

③ 그 위에 시트지로 싼 후에 바구니에 각자 이름을 붙여준다.(태극기-분홍/탈-연두/초가집-노랑/한복-하늘)

▣ 삼각대 만들기

① 하드보드지를 가로로 놓고 30.6cm 거리를 잰 후 가운데 부직판을 붙이고 30.6cm를 칼로 긋고, 그옆에 12cm로 잘라 칼로 그어 접는다.

② 나머지 부분을 초록색 테이프로 감싸준다.

활동방법

① 유아에게 우리나라 국기, 전통옷, 전통집, 전통탈을 보여주며 설명해 준다.

(태극기는 우리나라 국기이고, 한복은 우리나라 전통옷이며, 초가집은 우리나라 전통집이고, 하회탈은 우리나라 전통탈이다.)

② 게임방법을 설명한다.

㉠ 부직포판을 보고 그에 맞는 글이 써 있는 바구니를 찾는다.

㉡ 그 바구니에서 공을 꺼내어 부직포판을 맞춘다.

㉢ 공은 5개씩 들어 있고, 부직포판에 많이 맞춘 사람이 이기는 게임이다.

- 공에 까슬한 부분의 찍찍이가 붙어 있으므로 너무 꽉 잡으면 유아에게 위험할 수 있으므로 주의를 시킨다.
- 찍찍이에는 부직포가 잘 붙으므로 펠트지보다 부직포를 사용하도록 한다.

탐구영역 2

어떤 맛일까요?

활동목표

- 혀의 감각을 알 수 있다.
- 음식의 맛을 이해한다.
- 혀의 맛 부분을 인식할 수 있다.

준비물 색지 / 부직포 / 하드보드지 / 각각의 맛에 대한 음식 모형

제작방법

① 하드보드지에 색지를 붙이고 교구명을 오려 붙인다.
② 사람얼굴을 만들고 눈과 코, 혀(크게 만든다)를 붙인다.
③ 혀 부위에 따라 느낄 수 있는 맛을 밑에 조그맣게 적어 놓는다.
④ 각각의 맛에 대한 음식 모양을 만들고 코팅을 한 뒤 찍찍이를 붙인다.

활동방법

① 교사는 유아들에게 혀의 감각기관을 설명한다.

② 신맛, 단맛, 짠맛, 쓴맛이 나는 음식들에 대해 이야기해 본다.

③ 음식 모형들을 보여 주면서 어떤 맛이 나는지 이야기해 본다.

④ 혀의 감각기관판을 보여준다.

⑤ 음식 모형들을 혀의 감각기관판에 붙이도록 한다.

탐구영역 3

나를 기억해 주세요

활동목표

- 게임을 통해 기억력을 높일 수 있다.
- 소근육 발달을 돕는다.

준비물

하드보드지 / 함석판 / 스티로폼 공 / 색 압정 / 고무자석 / 색 한지(색지) / 시트지 / 유아들이 관심 있어 하는 그림 2장씩 10종류 / 글루건 / 칼 / 가위 / 풀 / 종이테이프

제작방법

▣ 상자

① 밑판 26cm×21cm, 높이 3cm, 하드보드지로 상자 뚜껑을 만든다.

② 25cm×20cm의 함석판을 색 시트지로 감싸고 종이테이프로 칸을 20개 나눈 후, 함석판을 상자뚜껑에 붙인다.

③ 밑판 25cm×20cm, 높이 5cm, 하드보드지로 만든 상자 통을 만든다.

④ 상자 통 가운데에 칸막이를 만들고 상자 안을 한지로 꾸며 시트지로 감싼다.

▣ 뚜껑

① 지금 4cm인 스티로폼 공을 반으로 자른다.

② 반으로 자른 부분에 자석판을 붙인 후 크기에 맞게 자른다.

③ 시트지를 붙인 그림을 오려 자석 위에 붙인다.

④ 색 압정을 글루건으로 고정시켜 손잡이를 만든다.

활동방법

① 순서를 정하고, 한 사람씩 뚜껑 2개를 동시에 연다.

② 같은 그림이면 그 뚜껑을 가져간다.

③ 다른 그림이면 제자리에 다시 뒤집는다.

④ 뚜껑을 모두 열면 게임이 끝난다.

탐구영역 4

과일관찰

활동목표

• 과일의 겉과 속을 알 수 있다.

준비물

하드보드지 / 시트지 / 사인펜 / 색연필 / 과일

제작방법

① 활동판을 만든다.

② 과일의 원본사진을 붙인다.

③ 시트지로 활동판을 싼다.

활동방법

① 과일의 겉모습을 보여준다.
② 아이들은 과일의 겉모습을 관찰하여 그린다.
③ 과일을 반으로(가로) 나눈 속 모습을 보여준다.
④ 아이들은 과일의 속(가로)을 관찰하여 그린다.
⑤ 과일을 반으로(세로) 나눈 속 모습을 보여준다
⑥ 아이들은 과일의 속(세로)을 관찰하여 그린다.
⑦ 다 그린 그림은 활동판에 붙인다.

탐구영역 5

먹이사슬

활동목표

- 먹이사슬을 통해 생태계의 흐름을 이해한다.
- 생태계에 관심을 가진다.

준비물

색지 / 두꺼운 도화지 / 시트지 / 찍찍이 / 양면테이프 / 그림자료(돌멩이수프에 나온 동물)

제작방법

① 색지와 두꺼운 도화지를 점점 작아지는 정사각형으로 오려준다.

② 사각형의 색지를 세모 모양으로 두 번 접었다 펼치고, 네모 모양으로 두 번 접었다 펼쳐준다.

③ ②의 양쪽 모서리를 집어넣어 마름모 모양이 되도록 한다.

④ ③에 그림자료를 제일 큰 종이부터 큰 동물부터 순서대로 작은 종이까지 붙인다.

⑤ 종이를 큰 순서대로 차례로 붙여주며, 이때 작은 종이를 큰 종이 안쪽에서 4등분한 한쪽 귀퉁이에 양면테이프를 붙여 밑면만 붙여준다.

⑥ 마름모에서 자기 쪽으로 끝나는 꼭지점에 찍찍이에 종이를 붙여 붙였다 뗐다 할 수 있도록 만든다.

활동방법

① 『돌멩이 수프』 책 내용에 대해 이야기 나누기를 한다.

② 사람, 돌멩이 수프에 나온 동물들이 무엇을 먹는지 물어본다.

③ 한 개씩 한 개씩 열어본다.

④ 유아가 다 열어본 후 서로 먹고 먹히는 관계가 먹이사슬이라고 알려준다.

⑤ 제일 마지막에 있는 자연환경에 대해 이야기 나누어 본 후, 자연환경을 보호해야 한다고 얘기하며 마무리한다.

탐구영역 6

크레파스 색깔 그래프

활동목표

- 그래프를 보고 수 세기와 수 비교를 한다.

준비물

하드보드지 2장 / 검정테이프 / 머메이드지 / 시트지 / 찍찍이 / 장갑 / 본드 / 마스킹테이프

제작방법

① 그래프판

- 하드보드지에 검정테이프로 선을 그어 칸을 만든다.
- 투명 시트지로 그래프판을 싼다.
- 보슬이를 붙인다.

② 찍찍이(그래프판에 붙이는 것)

- 5가지 색깔의 크레파스 모양을 만들어 코팅 후 까슬이를 붙인다.

③ 손가락 인형

- 손가락 부분에 코팅된 크레파스 모양을 본드로 붙인다.

활동방법

① 손가락 인형으로 주의집중시킨다.

② 그래프판을 보여주고 방법과 규칙을 설명한다.

③ 한 사람에 1개의 찍찍이를 붙인다.

④ 붙어 있는 개수를 세어 본다.

⑤ 2가지 색의 찍찍이 개수를 비교해 본다.

⑥ 수업에 대한 느낌을 묻고 마무리한다.

탐구영역 7

맛있는 배추김치 재료 찾기

활동목표

- 우리나라의 전통음식에 대해 생각해 볼 수 있다.
- 김치가 어떠한 방법으로 만들어지는지 알 수 있다.
- 김치를 만들기 위해서 어떤 재료가 필요한지 알 수 있다.
- 김치의 종류에 대해서 알 수 있다.
- 김치라는 음식에 대해 흥미를 가질 수 있고 편식을 하지 않는다.

준비물

- **게임판** : 하드보드지 / 김치재료 글자카드 / 음식글자카드 / 미션카드 / 시트지
- **개인판** : 하드보드지(1/2) / 김치 만드는 과정 사진 / 찍찍이
- **준비판** : 하드보드지 / 김치재료카드 / 음식카드 / 코팅지
- **게임설명판** : 하드보드지 / 설명글 / 풀 / 가위 / 글루건 / 자 / 칼 / 말 2개 / 주사위

제작방법

▣ 게임판

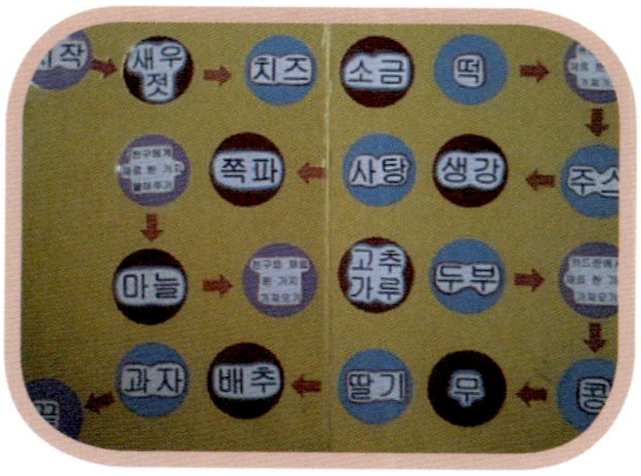

① 하드보드지를 반으로 잘라서 접어서 보관할 수 있도록 한다.

② 배추김치를 만들 때 필요한 재료와 상관없는 재료의 이름을 프린트한다.

③ 하드보드지에 게임을 구성하여 글자카드와 미션카드를 붙인다.
④ 화살표를 그려 넣어 방향을 알려준다.
⑤ 시트지를 붙여 오염을 방지한다.
⑥ 모서리에 긁히거나 찔리는 부상을 방지하기 위해 끝을 살짝 잘라준 후 종이테이프로 마무리를 해 준다.

▣ 개인판

① 하드보드지를 반으로 자른다.
② 두 개의 하드보드지에 김치를 만드는 과정의 사진과 설명을 붙인다.
③ 남는 공간에 게임자가 획득한 재료를 붙이는 찍찍이를 붙여 놓는다.
④ 모서리를 자른 후 종이테이프로 붙여 부상을 방지한다.

▣ 준비판

① 하드보드지에 펠트를 글루건을 이용하여 붙인 후 종이테이프로 마무리를 해 준다.
② 배추김치 재료와 상관없는 재료카드를 2개씩 준비하고 코팅한다.
③ 코팅한 자료는 다칠 위험이 없게 모서리를 다듬는다.
④ 까슬이를 코팅한 자료의 뒤에 붙인 후 준비판에 붙여 둔다.

▣ 게임설명판

① 게임을 할 때 규칙, 방법을 하드보드지에 붙이고 꾸민다.

② 시트지를 붙여 오염을 방지한다.

③ 모서리를 자른 후 종이테이프를 붙여준다.

활동방법

① 게임자가 순서를 정하고 주사위를 던지고 숫자만큼 말을 가져간 후 말판에 나온 재료는 개인판에 붙이고 미션말판에 제시된 말을 따른다.

(예 : 무 → 무 카드를 가져가서 게임자판에 붙인다.
친구의 재료 한 개 가져오기 → 뺏어오기)

② 게임 도중 이미 모은 재료에 말이 간 경우, 배추김치 재료일 경우 한 칸 앞으로 상관없는 재료일 경우 한 칸 뒤로 간다.

③ '끝' 지점에 도착하면 게임이 끝나고 개인판에 붙어 있는 카드들 중, 배추김치 재료카드가 아닌 것을 모두 떼어 봐서 배추김치 자료가 가장 많은 유아가 승리하게 된다.

④ 준비판에 남아 있는 배추김치 재료카드를 개인판에 붙여보는 활동을 끝으로 유아가 배추김치 재료를 인식할 수 있도록 도와준다.

- 말판에 있는 미션카드로 인해 유아의 맘이 상하고 싸울 수 있는 상황이 생기면, 교사는 유아가 미션카드에 갈 수 있다고 격려해주고, 한 유아가 뒤쳐져 있는 상황에서는 다른 유아의 동의하에 메리트를 준다.

  (예 : 주사위 한 번 더 던지기, 김치재료 카드 하나 더 가져가기)

- 유아가 배추김치에 들어가는 재료에 대하여 인지하고 있지 않으면 게임이 불가능하니, 게임자판에 준비되어 있는 배추김치 만드는 방법에 대해서 알려주고 게임을 시작한다.
- 주사위를 던지거나 말을 옮기는 과정에서 혼란이 생길 수 있으니 교사가 도와주어야 한다.

전통영역 1

명절 음식과 놀이 알기

활동목표

• 게임을 통하여 우리나라 명절 음식을 알 수 있다.

준비물

하드보드지 / 펠트지 / 명절 음식과 놀이낱말카드 / 주사위 / 코팅지 / 노끈 / 본드 / 펀치 / 색종이 / 색지 / 음식 & 놀이모양카드 / 시트지

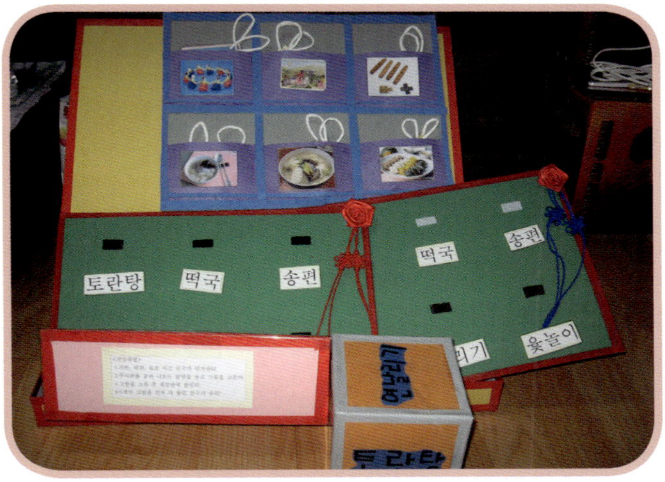

제작방법

▣ 게임상자

① 하드보지를 39cm×30cm로 만든다.

② 색지를 이용하여 위에 판을 한 줄에 3칸씩 2줄로 6칸을 만든다.

③ 펠트지를 39cm×30cm로 6장을 자른다.

④ 음식 & 놀이모양카드를 각각 6장씩, 음식과 놀이낱말카드는 각각 2장 준비하여 코팅을 한다.

⑤ ③을 ②에 붙인다. 주머니가 되도록 한다.

⑥ 주머니 윗부분에 붙인다.

⑦ 그 모양 카드에 맞게 다른 모양카드를 2장씩 펀치로 구멍을 내어 노끈을 달아 넣어 둔다.

▣ 주사 & 게임판

① 하드보지를 39cm×30cm로 만든다.(2개)

② 똑같이 6칸 간격으로 낱말카드를 붙인 후 시트지로 감싼다.

③ 까슬이를 6개 붙인다.

- 주사위(12×12)

① 주사위의 전개도를 그린다.

② 전개도를 잘라 조립한다.

③ 낱말카드를 붙인다.

▣ 게임설명판

① 하드보드지를 10cm×30cm로 자른다.

② 세로를 10cm씩 나누어 칼집을 낸다.

③ 삼각형 모양으로 만든 후 게임설명을 하고 시트지를 붙인다.

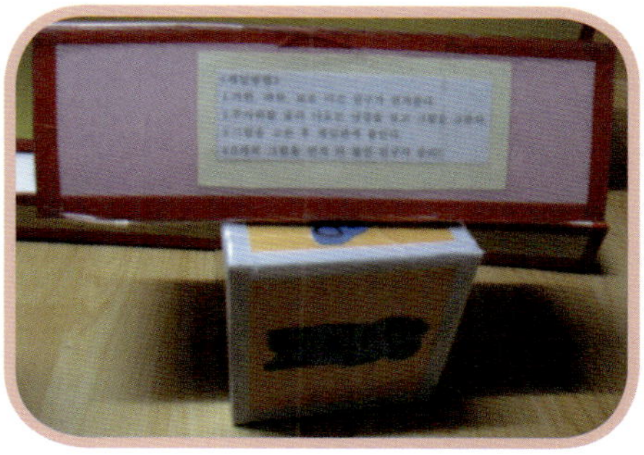

활동방법

① 2명의 유아에게 게임판을 하나씩 준다.

② 가위 바위 보를 하여 순서를 정한다.

③ 이긴 유아가 먼저 주사위를 굴려 낱말을 보고, 해당되는 낱말을 말하고 게임 상자에서 그림을 직접 찾아본다.

④ 그림과 낱말이 일치하면 자신의 게임판에 붙인다.

⑤ 먼저 게임판을 채우는 유아가 이긴다.

⑥ 게임 시 다음과 같은 점을 유의한다.

- 낱말과 그림을 잘 연결되어 형상되어 있는지 알아야 한다.
- 잘못 형성되어 있으면 그것을 다시 알맞게 형성해주어야 한다.

전통영역 2

음식을 나누어 봐요

활동목표

- 전통 음식과 오늘날의 음식을 알 수 있다.

준비물

하드보드지 / 한지 / 까슬이 / 시트지 / 색상지 / 우유곽 / 그림자료 / 복주머니 / 니스

제작방법

▣ 기본판

① 하드보드지를 28cm×35cm로 자른다.

② 자른 하드보드지를 한지로 감싸고 글자와 사진 등을 붙인다.

③ 노란색, 파란색 색상지를 5cm×5cm로 25개를 자른다.

④ 검정 색상지에 차례로 25개 자른 것을 붙인다.

⑤ 다 붙인 하드보드지를 시트지로 감싼다.

⑥ 감싸고 난 후, 25칸 모두 까슬이를 붙인다.

▣ 그림

① 전통 음식과 현대 음식을 25개 찾는다.

② 찾은 그림을 자르고 난 후, 코팅을 한다.

③ 코팅한 그림 뒷면에 보슬이를 붙인다.

▣ 주사위

① 250ml 우유곽에 색상지를 붙인다.

② 스티커로 1, 2, 3을 붙이고 한 번 더 꽝을 붙인다.

③ 스티커와 색상지가 떨어지지 않도록 시트지로 감싼다.

활동방법

① 유아에게 한복을 입은 기본판과 평상복을 입은 기본판을 하나씩 나누어 가진다.(게임은 유아 2명만이 할 수 있다.)

② 유아에게 하늘색은 전통 음식이고, 노란색은 현대 음식이라고 알려준다.

③ 서로 가위 바위 보를 하여 이긴 유아부터 주사위를 굴린다.

④ 주사위를 굴려서 나온 숫자만큼 주머니에서 음식을 뽑는다.

⑤ 음식을 뽑았는데 자신이 가진 기본판과 맞지 않는 음식이 나오면 다시 주머니에 넣고, 맞는 음식이 나오면 판에 붙인다.

(예: 현대 음식 기본판을 가진 유아가 주사위를 굴려서 숫자 3이 나와서 주머니에서 음식 3개를 뽑았는데, 전통 음식인 하늘색이 1개 나오면 다시 주머니에 넣고 맞게 뽑은 음식 2개만 붙인다.)

⑥ 이렇게 게임을 해서 자기가 갖고 있는 기본판에 음식을 다 채운 유아가 이긴다.

⑦ 게임 시 다음과 같은 점을 유의한다.

- 게임판을 견고하게 만든다.
- 유아가 음식을 잘 모르고 붙일 수 있으므로 잘 보고 도와준다.

전통영역 3

한복은 어떻게 입을까?

활동목표

- 우리나라 전통 옷을 안다.
- 한복 입는 순서를 안다.
- 옷 구분을 할 수 있다.
- 눈과 손의 협응력을 기를 수 있다.
- 규칙을 지킬 수 있다.

준비물

- **설명판** : 연두색 하드보드지 1장 / 노란색, 하늘색, 분홍색 머메이드지 각 1장씩 / 한복 입는 순서그림 / 풀 / 가위 / 아스테이지 / 매직 / 자 / 칼
- **옷장** : 연두색 하드보드지 1장 / 노란색 머메이드지 1장 / 노란색 부직포 1장 / 개나리색 부직포 1장 / 쇠고리 9개 / 칼 / 가위 / 자 / 양면테이프 / 풀 / 펀치
- **옷** : 다양한 옷 프린트 / 가위 / 풀 / 코팅지 / 찍찍이
- **암주머니** : 우드락 / 두꺼운 도화지 / 검정천 / 바늘 / 가위 / 실 / 양면테이프 / 자
- **뽑기** : 뽑기 12개 / 옷 명칭이 있는 종이 / 가위 / 칼 / 아스테이지
- **개인판** : 빨간색 하드보드지 한 장 / 베이지색 머메이드지 한 장 / 남아 유아가 속옷 입고 있는 그림 각 2개씩 / 풀 / 가위 / 찍찍이 / 자 / 칼
- **게임설명판** : 분홍색 하드보드지 1장 / 매직 / 아스테이지

제작방법

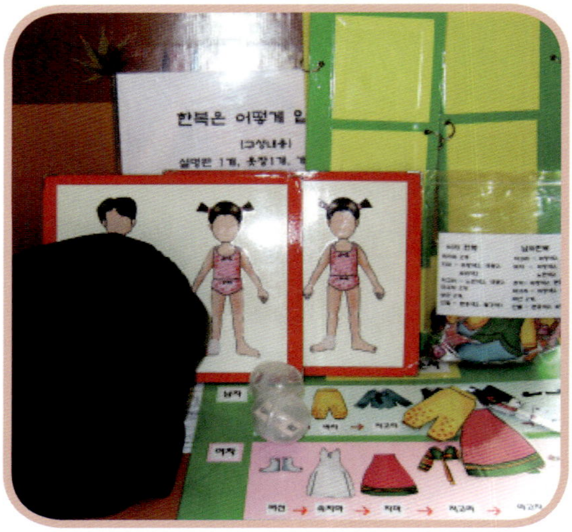

▣ 설명판

① 하드보드지를 39cm×28cm로 자른다.

② 남자, 여자 한복 입는 순서사진을 프린트한 후 오린다.

③ 노란색 머메이드지를 14cm×5cm로 자른 후 제목을 붙인다.

④ 하늘색 머메이드지를 32cm×8cm로 자른 후 남자 옷 순서를 붙인 후, 밑에 해당하는 옷의 명칭을 잘라 붙여 화살표를 그린다.

⑤ 분홍색 머메이드지를 32cm×10.5cm로 자른 후 위 순서처럼 옷과 명칭을 붙인 후, 화살표를 그린다.

⑥ 잘라 놓은 하드보드지 위에 차례로 붙인다.

■ 옷장

① 하드보드지를 13.5cm×27cm 두 개와 27cm×11.5cm 하나로 자른다.

② 자른 하드보드지 3개에 노란색 펠트지를 붙인다.

③ 자른 하드보드지 겉면을 꾸민 후 아스테이지를 붙인다.

④ 새 하드보드지에 펠트지를 붙여 자른 하드보드지와 모양을 댄 후, 새 하드보드지와 자른 하드보드지에 구멍을 뚫는다.

⑤ 구멍에 맞추어 고리를 건다.

■ 옷

① 다양한 옷을 프린트한다.

② 옷을 코팅한 후 가위로 자른다.

■ 암주머니

① 우드락을 지름 17.5cm인 원을 2개 자른 후 붙인다.

② 도화지를 58cm×10cm로 자른 후 우드락을 밑면으로 기둥을 붙인다.

③ 검정색 천을 62cm×40cm로 자른다.

④ 세로 40cm 부분을 꾀맨 후 62cm 부분을 고무줄을 넣어 꿰맨다.

⑥ 우드락 원통 옆면에 양면테이프를 붙인 후 꿰매 놓은 주머니에 바구니를 붙인다.

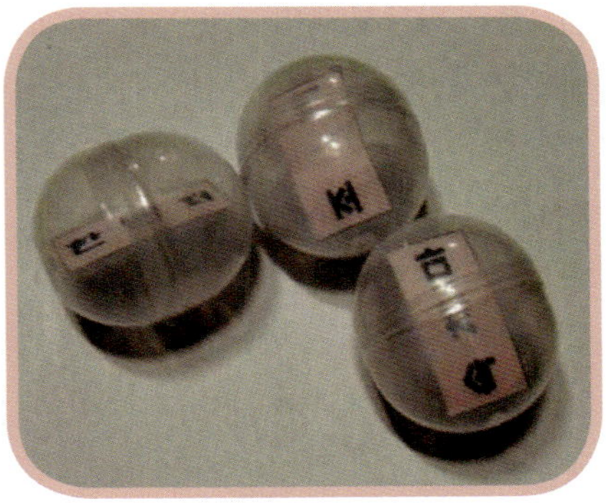

■ 뽑기

① 명칭을 프린트한 후 코팅해 자른다.

② 뽑기통에 자른 명칭을 넣는다.

▣ 개인판

① 하드보드지를 26.5cm×21.5cm로 자른다.

② 머메이드지를 23.3cm×19.5cm로 자른 후 하드보드지 위에 간격 1~1.5cm를 두고 중앙에 오도록 붙인다.

③ 속옷을 입고 있는 여아, 남아의 그림을 잘라 머메이드지 위에 붙인다.

④ 시트지를 붙인 후 찍찍이를 붙인다.

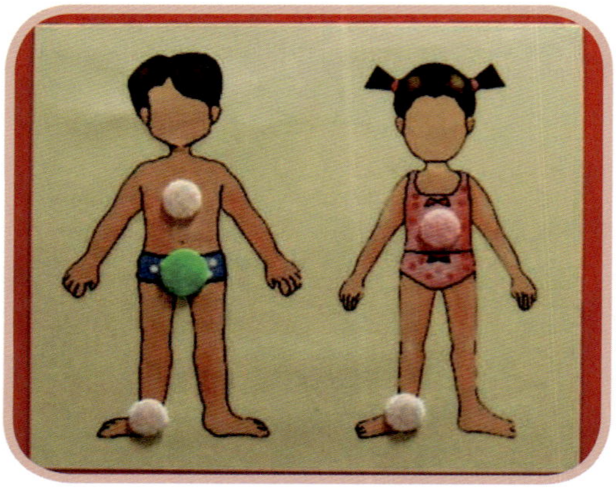

▣ 게임설명판

① 한복 입는 순서판 뒷면에 색 머메이드지를 붙인다.

② 순서를 프린트해 붙인다.

③ 예쁘게 꾸민다.

활동방법

① 유아에게 한복 입는 법을 정확히 알고 있는지 물어본 후, 설명판을 보여주며 한복 입는 법을 차례 차례 설명해 준다.

② 게임방법

- 게임설명판을 함께 읽는다
- 암주머니에서 뽑기를 뽑아 옷장에 붙어 있는 옷 중에 찾아 붙인다.
- 속치마 → 치마순으로 설명판 순서대로 뽑아야 한다.
- 먼저 한복을 다 입히면 완성된다.

③ 게임 시 다음과 같은 점을 유의한다.

- 게임 시 입는 방법을 완전히 숙지하지 않았으므로 순서판을 보며 게임을 한다.
- 옷장에 옷들을 잃어버리지 않도록 보관 시 옷을 담을 통을 따로 준비한다.
- 코팅한 면이 날카롭지 않게 둥글게 자른다.
- 게임 순서를 지켜 뽑도록 한다.
- 붙이는 순서가 틀렸을 경우 유아가 창피해 하지 않도록 조심히 수정해 준다.

전통영역 4

누가 먼저 알아맞출까?

활동목표

- 우리나라 전통의 것들을 알게 해 준다.
- 유아들의 지식의 폭을 넓혀준다.
- 순발력을 향상시켜 준다.
- 소근육 발달을 돕는다.

준비물

- **게임판** : 하드보드지 / 펠트지 검정색 / 빨강색
- **주사위** : 하드보드지 사각형 모양 가로×세로 15cm 12장 / 펠트지 색깔별로 여러 장 / 실과 바늘
- **카드보관함** : 하드보드지 / 글루건 / 펠트지
- **게임 규칙판** : 하드보드지 반쪽 / 시트지
- **라운드판** : 하드보드지 반쪽 / 색상지 / 찍찍이 / 시트지

제작방법

▣ 주사위

① 하드보드지를 15cm×15cm로 12개를 잘라 글루건으로 이어 붙인다.

② 주사위 모양으로 붙인 다음, 펠트지를 모서리마다 펠트 바느질을 해서 주사위 표면을 덮는다.

③ 각 면마다 놀이, 악기, 음식, 의류 글자를 펠트지로 붙이고 나머지 두 면에는 꽝이라는 글자를 빨간색으로 붙인다.

④ 같은 방법으로 나머지 한 개를 더 만든다.

▣ 게임판

① 하드보드지에 사진 그림카드와 이름카드를 붙일 다섯 자리를 만든다.

② 그 자리에 각각 찍찍이를 붙여둔다.

③ 유아들이 사진 그림카드와 이름카드를 붙일 자리를 헷갈려 하지 않도록 글씨를 붙여 표시해 준다.

▣ 카드보관함

① 하드보드지를 길이 15cm로 잘라 보관함을 만들고 펠트지를 그 위에 붙여준다.

▣ 라운드판

① 하드보드지를 반으로 잘라 색상지로 표를 만들어 붙인다. 한복을 입은 여자아이와 남자아이로 팀을 나누고 5라운드까지 칸을 만든다. 1라운드당 어느 팀이 이겼냐는 표시는 여자 아이팀은 족두리 찍찍이를, 남자 아이팀은 복건 찍찍이를 붙여 표시한다.

활동방법

① 여아팀과 남아팀을 나눈다.

② 각 팀에서 한 명씩 나와서 교사가 두 가지씩 제시어를 정해 준다.

(예: 놀이, 악기 / 음식, 의류)

③ 가위 바위 보를 해서 순서를 정한다.

④ 이긴 유아가 먼저 주사위를 던져서 자신의 맞춰야 할 제시어가 나오면 알맞은 그림카드와 명칭카드를 붙인다.

⑤ 만약 틀리거나 꽝이 나올 경우 기회는 다른 팀 유아에게 돌아간다.

⑥ 가장 많이 맞춘 팀이 이기게 되는 것이다. 이때 1라운드에서 만약 여아팀이 세 개를 맞춰 이기게 되고, 남아팀이 두 개를 맞춰 지게 되면 그 그림카드와 명칭카드는 빼고 2라운드를 시작한다.

⑦ 라운드판에 자신의 팀을 상징하는 찍찍이가 더 많이 붙어 있으면 그 팀이 이긴 것이다.

⑧ 그림카드와 명칭카드가 다 없어질 때까지 게임을 진행한다.

⑨ 게임 시 다음과 같은 점을 유의한다.

- 너무 한 유아에게만 기회가 가면 다툼이 날 수도 있으므로 교사가 중재를 한다.
- 카드분실 우려가 있으므로 게임이 끝나면 꼭 제자리에 넣어 보관한다.

전통영역 5

암호풀이를 해봐요

활동목표

- 우리나라의 악기 이름을 안다.
- 우리나라의 악기의 종류와 특징을 안다.

제작방법

▣ 암호풀이판

① 우드락을 반으로 자른다.(40cm×28cm)

② 빨간색, 주황색, 노란색, 초록색, 파랑색, 남색, 보라색, 연두색, 분홍색을 동그란 모양으로 예쁘게 자른다.

③ 준비된 자료를 잘라서 각 동그라미에 한 글자씩 넣어 붙인다.

④ 암호와 같이 적혀 있는 단어를 잘라서 색상지에 예쁘게 붙인다.

⑤ 마지막으로 시트지로 울지 않도록 조심히 감싼다.

▣ 그림카드

① 4절 하드보드지 1장당 8개의 사각형이 나오도록 자른다.

② 자른 하드보드지 위에 악기 사진을 붙인다.

③ 그 옆에 암호로 악기 이름을 표시한다.

④ 암호 밑에 찍찍이를 붙여 준다.

⑤ 하드보드지 뒤에다 각각의 악기에 대한 설명을 붙여준다.

⑥ 시트지로 감싸준다.

⑦ 마지막으로 11장의 그림 카드를 모은 후 고리로 묶어준다.

▣ 글자카드

① 단어 한 글자씩 자른다.

② 잘라 놓은 단어를 암호와 같은 색의 색상지 위에 붙인다.

③ 코팅을 한다.

④ 코팅을 한 후 조금의 여백을 남긴 후 다시 자른다.

④ 뒤에 찍찍이를 붙인다.

활동방법

① 암호풀이판을 보고 암호와 글자를 외워 본다.

② 그림카드를 열고 악기 사진을 보고 어떤 악기일지 생각해 본다.

③ 뒤에 적혀 있는 악기에 대한 설명을 읽어본다.

④ 풀이판에 있는 암호에 맞는 글자를 찾아서 붙여본다.

⑤ 무슨 악기인지 암호를 맞춰 본다.(그림의 악기이름을 알게 된다.)

⑥ 그림카드에 있는 암호와 글자를 맞게 넣는다.

⑦ 글자카드, 그림카드가 분실되지 않도록 주의해 보관해야 한다.

전통영역 6

알쏭달쏭 수수께끼

활동목표

- 전통놀이와 그 놀이방법에 관심을 갖게 된다.
- 언어발달에 도움을 준다.

준비물

- **놀이판** : 하드보드지 / 한지 / 시트지 / 인쇄카드 / 코팅지 / 풀 / 가위
- **그림카드** : 그림자료 / 색상지 / 가위 / 풀 / 코팅지
- **게임설명판** : 한지 / 설명인쇄 / 시트지 / 칼 / 풀 / 자
- **놀이설명판** : 고리 / 부직포 / 그림자료 / 사인펜 / 풀 / 가위 / 시트지 / 펀치
- **보관함** : 상자 / 한지 / 니스 / 칼 / 본드

제작방법

▣ 놀이판

① 8절 하드보드지에 노란색 한지를 붙인 후 시트지로 싼다.

② 다음 수수께끼 놀이라는 글씨를 뽑아 코팅을 한 후 맨 위에 붙여준다.

▣ 그림카드

① 전통놀이 12가지를 모두 인쇄한 후 연두 색상지에 붙인다.

② 카드 뒤에는 전통놀이의 이름을 써 주고, 질문자의 그림카드에는 전통놀이의 설명을 간단하게 써 준 후 코팅을 한다.

▣ 게임설명판

① 8절 하드보드지에 전통한지를 싼 후 게임설명을 붙이고 시트지로 싸 준다.

▣ 놀이설명판

① 전통놀이 12가지를 인쇄한 후 하드보지에 붙인 후 시트지로 깔끔하게 싸 주고, 책처럼 넘기면서 읽을 수 있게 고리를 달아준다.

▣ 보관함

① 기본 상자에 전통한지로 싼 다음에 보관이 잘 되도록 니스칠을 해 준다.

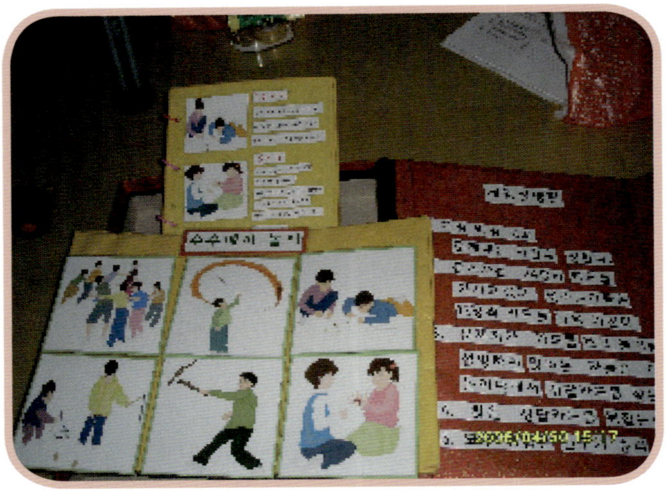

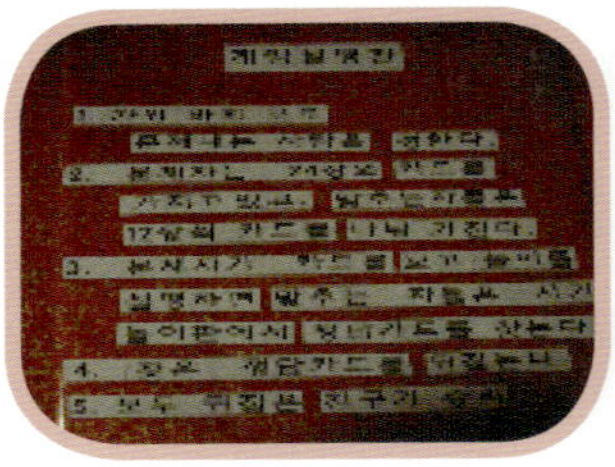

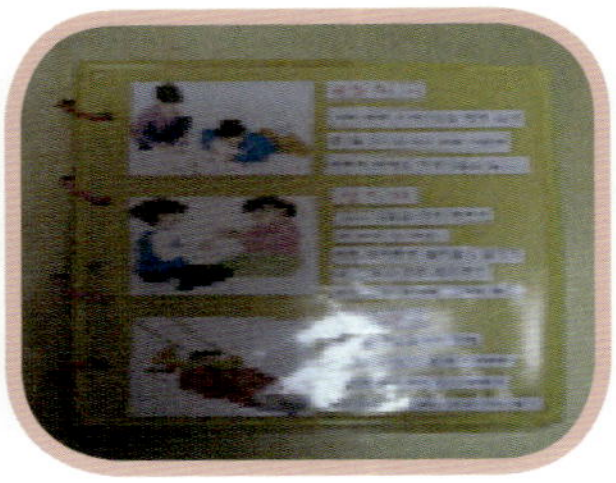

활동방법

- 3명 이상의 유아가 하는 놀이이다.

① 가위 바위 보로 문제내는 사람을 정한다.

② 문제상자는 24개의 카드를 가지고 있고, 맞추는 자들은 12장씩 카드를 나눠 가진다.

③ 문제자가 카드를 보고 놀이를 설명하면, 맞추는 자들은 자기 놀이판에서 정답카드를 찾는다.

④ 찾은 정답카드를 뒤집는다.

⑤ 모두 뒤집은 친구가 승리를 하는 게임이다.

⑥ 카드의 보관함을 만들어 놀이를 하지 않을 때는 카드를 잘 보관할 수 있게 한다.

⑦ 앞면은 그림, 뒷면엔 글씨를 써서 전통놀이의 이름을 알 수 있게 해 준다.

⑧ 너무 쉬운 전통놀이가 아닌, 아이들이 많이 접해보지 못한 전통놀이로 해 준다.

전통영역 7

농기구, 전통악기, 전통놀이

활동목표

- 농기구, 전통악기, 전통놀이에 관심을 가질 수 있다.
- 농기구, 전통악기, 전통놀이의 정확한 용어를 알 수 있다.

준비물

- **돌림판** : 하드보드지 / 색지 / 시트지 / 우드락 / 할핀
- **개인판** : 하드보드지 / 색지 / 시트지 / 보슬이 & 까슬이
- **사전** : 색지 / 고리 / 코팅지
- **단어카드** : 코팅지 / 단어말

제작방법

▣ 돌림판

① 하드보드지를 원으로 자른다.

② 원으로 자른 것을 15칸 만든다.

③ 색지를 붙인다.

④ 원판에 농기구, 전통악기, 전통놀이를 각각 5가지씩 붙이고 할핀으로 고정시킨다.

▣ 개인판

① 하드보드지를 직사각형으로 2장 잘라 색지를 붙인다.

② 농기구, 전통악기, 전통놀이 칸을 나누어 주고 투명 시트지로 싼다.

③ 칸마다 까슬이를 붙여 준다.

▣ 사전

① 정사작형으로 17장을 자른다.

② 그림자료와 설명을 붙인다.

③ 코팅을 한 뒤 펀치로 구멍을 뚫는다.

④ 고리를 연결한다.

■ **단어카드**

① 낱말단어를 인쇄한다.

② 자른 뒤 코팅한다.

③ 뒤에 보슬이를 붙인다.

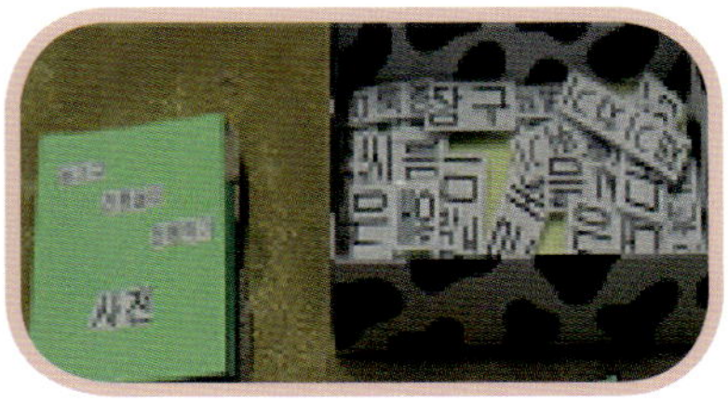

활동방법

① 농기구, 전통놀이, 전통악기에 대해 알아본다.

② 두 명이 순서를 정한다.

③ 순서를 정해 이긴 사람이 먼저 돌림판을 돌린다.

④ 돌림판을 돌려 나온 그림을 보고 단어카드를 찾아 자신의 판에 붙인다.

⑤ 상대방이 사전을 찾아 붙인 것이 맞는지 맞추어 본다.

⑥ 개인판을 먼저 완성한 사람이 이긴다.

⑦ 농기구, 전통악기, 전통놀이가 헷갈리지 않도록 한다.

전통영역 8

지역 찾기 윷놀이

활동목표

- 우리나라 지역에 대해 알 수 있다.
- 윷놀이를 통하여 수 개념에 대해 배울 수 있다.
- 눈과 손의 협응력을 키울 수 있다.

준비물

여러 가지 색의 펠트지 / 하드보드지 / 전통문양 한지 / 니스 / 실 / 바늘 / 풀 / 가위 / 글루건 / 우리나라 지도 도안 / 여러 가지 동물의 도안 / 찍찍이 / 솜 / 방울 / 시트지 / 전통문양 그림

제작방법

① 하드보드지를 이용하여 보관하기 쉽도록 책처럼 게임판 표지를 만든다.
② 게임판 속 안에는 우리나라 지도 모양을 크게 잘라 붙인다.
③ 우리나라 지도 위에 지역을 나누어 지역의 명칭을 붙인다.
④ 펠트지를 이용하여 동물모양의 도안을 만든다.
⑤ 실과 바늘을 이용하여 동물모양을 한 윷을 만든다.
⑥ 윷에 바느질을 다 하기 전에 솜과 방울을 넣어 입체감 있게 만들어 마무리한다.
⑦ 말을 만든다.
⑧ 윷과 말을 넣을 수 있는 도구함을 만든다.

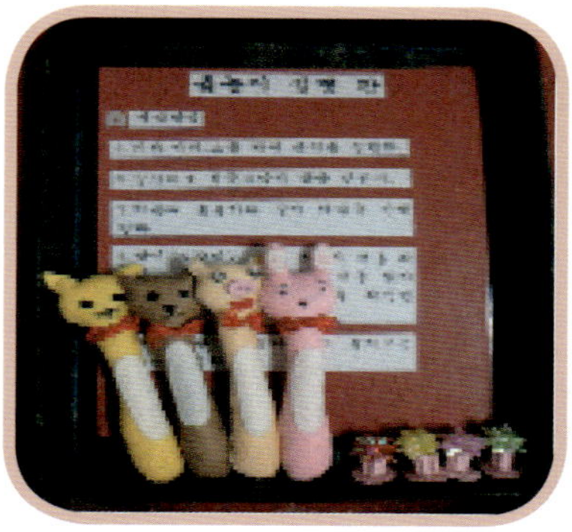

활동방법

① 윷놀이판을 펼친다.

② 가위 바위 보를 통하여 팀을 이루거나, 순서를 정한다.

③ 동물모양의 윷을 던져 전통 윷놀이처럼 앞으로 나아간다.

④ 먼저 도착하면 게임에서 승리를 할 수 있다.

⑤ 아이들이 지역을 잘 볼 수 있도록 옆에서 도와준다.

⑥ 교구가 망가지지 않도록 바느질을 꼼꼼히 해 둔다.

전통영역 9

우리나라 4대 명절 단어 찾기

활동목표

- 우리나라의 명절에 대해 알고 관심을 갖는다.
- 책을 통하여 명절을 설명하고 명절의 단어를 나열하여 단어를 맞추게 하여 뜻과 낱말을 습득한다.

준비물

학습단어 / 색종이 / 색도화지 / 부직포지 / 벨크로 테이프(찍찍이) / 가위 / 칼 / 풀

제작방법

① 학습단어(명절단어)를 프린트하여 잘라 준비한다.

② 색도화지로 박스를 만들어 준비한 단어들을 넣는다.

③ 부직포로 사탕모양을 만든다.

④ 준비한 단어 뒷면 각각에 벨크로 테이프(찍찍이)를 붙인다.

⑤ 사탕모양으로 만든 부직포를 단어가 충분히 들어갈 수 있게 오리고 낱말 단어 뒤에 붙인 벨크로 테이프가 잘 붙는지 확인한다.

활동방법

① 책을 이용하여 영유아에게 우리나라 명절에 대한 이야기를 들려주어 관심을 갖게 한다.

② 명절을 월과 일, 명절마다 즐겨하는 민속놀이, 음식들도 함께 설명해 준다.

③ 명절에 대한 정확한 이해와 습득을 위해 교구를 이용한다.

④ 상자 안에 흩어져 있는 낱말들을 영유아가 직접 찾아 미리 만들어 놓은 부직포 사탕 안에 끼워 넣어 명절단어를 완성하게 유도한다.

실내놀이 1

사방치기

활동목표

- 유아가 게임을 통해 서로의 소중함을 안다.
- 공통 관심이나 흥미를 공유한다.

준비물

하드보드지 8장 / 백업 / 수세미 / 멍석 / 계란판 / 밀가루 / 빨대 / 팥 / 사포 / 콩주머니

제작방법

① 하드보드지 8장을 이어 붙인다.

② 8등분으로 나누어 각 칸마다 촉감이 다른 물건을 붙인다.(백업, 수세미, 멍석, 계란판, 밀가루, 빨대, 팥, 사포)

③ 색깔이 다른 콩주머니를 2개 준비한다.

④ 1에서 8까지의 숫자를 붙인다.

활동방법

① 유아 2명이 짝이 되어 2팀을 만든다.

② 순서를 정하고 콩주머니를 나누어 가진다.

③ 먼저 '1' 숫자에 콩주머니를 넣고 '8'까지 갔다가 돌아온다.(이때 콩주머니가 다른 칸으로 던져지거나, 발로 선을 밟으면 다른 1에게 기회가 넘어간다.)

④ 먼저 '8'까지 콩주머니가 놓여져 되돌아온 팀이 이기게 된다.

실내놀이 2

바닷속 터널

활동목표

- 정서적인 안정적 경험을 한다.
- 대근육 운동을 촉진시킨다.

준비물 후프 / 옷감용 비닐 / 시트지

제작방법

① 후프(지름 100cm)가 들어갈 공간이 생기도록 비닐(314×180cm)의 가로 끝부분을 5cm 정도 접어 박음질을 한다.

② 박음질을 통해 만들어진 부분에 후프를 끼운다.

③ 비닐에 시트지를 이용해 바닷속을 꾸민다.

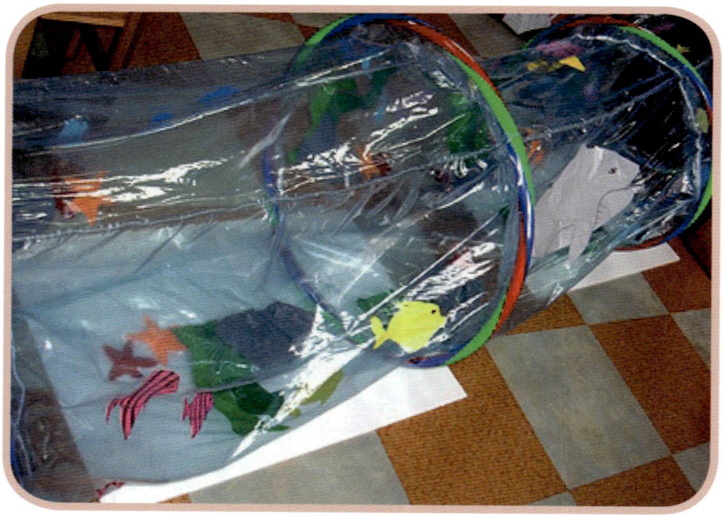

활동방법

① 유아가 터널을 교사와 함께 통과해 본다.

② 후프와 후프 사이를 좁혀서 터널을 짧게 하고, 반대쪽으로 교사가 영아의 이름을 부르면 건너오게 한다.

③ 터널 통과에 익숙해지면 터널의 길이를 길게 하여 놀이를 진행한다.

④ 터널 중간에서 바닷속 생물로 찾아본다.

⑤ 놀이 진행 시 후프 터널이 움직이므로 터널을 고정시키거나 잡아준다.

실내놀이 3

신발 신어보기

활동목표

- 소근육 발달 및 기본생활 습관에 적응할 수 있도록 돕는다.
- 감각운동과 스스로 신발을 신고 벗을 수 있도록 한다.

준비물

여러 가지 천 / 털 / 한복 천 / 단추 / 똑딱단추 / 후크 / 까실이 / 보들이 우드락 / 레이스 / 나무 / 끈

제작방법

① 우드락으로 발 사이즈를 재서 오려둔다(225cm×90cm).
② 위의 천을 싸서 바느질한다.
③ 각각 다른 천이나 같은 천을 대서 신발을 완성한다.
④ 완성한 신발에 후크나 똑딱단추, 신발끈, 찍찍이, 까실이를 붙인다.
⑤ 완성한 신발에 장식을 한다.
⑥ 천을 이용해서 신발장을 만든다.

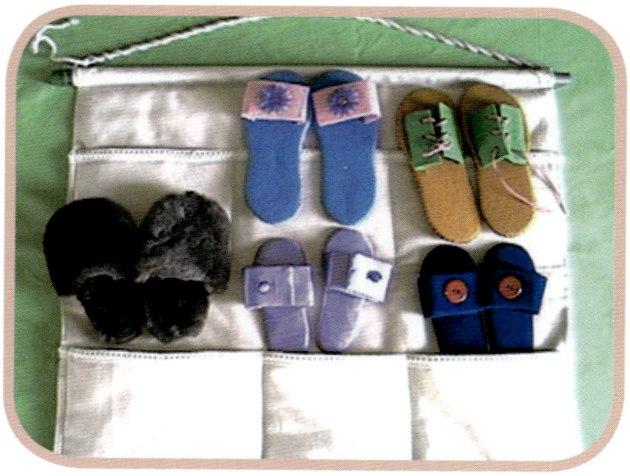

활동방법

① 유아가 스스로 신발을 신고, 벗고, 신발장에 정리할 수 있다.

② 색을 이용해서 신발을 정리할 수 있다.

③ 어른 신발과 유아 신발을 분류할 수 있다.

④ 소근육 발달을 돕는다.

실내놀이 4

미니하키

활동목표

- 집중력을 기른다.
- 힘과 속도의 관계를 이해하고 조절한다.
- 신체의 정상적 성장발달을 촉진시키고 원활한 신체조절능력을 기른다.

준비물 분유통 2개 / 나무막대 / 공 / 요구르트병 / 지점토 / 시트지

제작방법

① 분유통 2개를 깨끗이 씻어 말린다.
② 각 다른 색으로 시트지를 둘러싼다.
③ 요구르트병에 지점토를 가득 눌러 담는다.
④ 옆부분에 구멍을 내서 나무막대를 꾹 눌러 막는다.
⑤ 지점토가 다 마른 후 요구르트병을 시트지로 싼다.
⑥ 요구르트병과 나무막대를 시트지로 단단하게 고정시킨다.

활동방법

① 스틱으로 탁구공을 쳐 본다.

② 몇 번 연습을 해보고 게임을 하도록 한다.

③ 분유통 골대를 양쪽에 놓는다.

④ 스틱으로 공을 몰아서 상대 골대에 넣는다.

⑤ 공을 넣을 때마다 1점씩을 받는다.

⑥ 상대방이 공을 넣지 못하도록 스틱으로 막는다.

⑦ 상대방이 공을 놓칠 때 얼른 스틱으로 공을 잡는다.

⑧ 5점을 먼저 받는 쪽이 이긴다.

실내놀이 5

원숭이 먹이주기

활동목표

- 대근육과 협동성을 기를 수 있다.

준비물

사과박스 2개 / 골판지 / 원숭이 그림 2개 / 팥주머니 / 바구니 / 색테이프 / 게임판

제작방법

① 사과박스를 골판지로 싼다.

② 사과박스 앞에 원숭이를 붙인 후에 입 모양대로 자른다.

③ 상자 테두리를 색테이프로 깔끔하게 붙인다.

활동방법

① 아기 원숭이에게 먹이를 주자고 유도해 본다.(예: "아기원숭이가 배가 몹시 고프대. 어떻게 하지?")

② 원숭이 입 속에 팥주머니를 던져 넣어 본다.

실내놀이 6

흔들흔들 마이크

활동목표

- 신체표현 놀이를 통해 생각과 느낌을 표현하며 창의성 촉진시킨다.
- 소리 나는 마이크로 노래하는 자유로움 속에서 긍정적 자아개념 향상

준비물

가위 / 쿠킹호일 롤 / 끈 / 테니스 공 / 포장지(= 펠트 이용가능) / 제기(방울 달린 것) / 쌀 / 콩 등

제작방법

① 호일 롤을 천 또는 포장지로 싸서 보기 좋게 꾸민다.
② 공을 천으로 감싸서 묶은 후에 끈을 이용하여 마이크를 고정할 준비를 한다.
③ 호일 롤 안으로 끈을 넣어 공을 고정한다.
④ 롤 속에 쌀, 콩 등을 넣어 흔들면 소리가 나게 한다.
⑤ 하단에 구슬이 달린 제기를 달아 쌀, 콩이 떨어지지 않게 유의한다.
⑥ 공에 달려 있는 끈을 제기와 함께 고정한다.

활동방법

① 아이와 함께 소리가 나는 원하는 재료에 대해 이야기한다.
② 어떤 소리가 나는지 들어본 후, 곡식을 롤 속에 담는다.
③ 제기구슬에서는 어떤 소리가 나는지 들어본다.
④ 또래와 노래를 부르며 이리저리 흔들면서 박자를 맞춰본다.
⑤ 노래 부를 때 어떤 느낌이었는지 물어본 후, 사용한 곡식을 정리하도록 한다.

실내놀이 7

콩콩 미로탈출

활동목표

- 색깔과 곡식의 종류를 알고, 수의 개념 이해
- 미로 사이를 통과하면서 운동능력 발달
- 놀이판에서 골인하는 과정 속에서 성취감 경험

준비물

둥근 쟁반 / 시트지(= 천) / 종이컵 / 색종이 / 빨대(= 이쑤시개) / 도미노(= 펠트에 찍찍이 연결한 모형) / 주사위(= 검정콩)

제작방법

① 둥근 쟁반에 코팅된 시트지를 부착한다. (천이나 부직포를 고정하는 것이 더욱 좋다.)

② 종이컵을 골대모양으로 적당히 자른다. (펠트로 모양을 만들어 실로 꿰맨다.)

③ 포스터물감을 이용해 종이컵에 색칠을 한다.

④ 이쑤시개 위 뾰족한 부분에 보호구를 끼운다.

⑤ 색종이로 컵 색깔과 같은 깃발모양을 만들어 붙인다. (천을 이용하여 깃발제작)

⑥ 색깔 도미노를 미로형태로 부착한다. (바닥에 부직포를 깔고, 도미노(펠트직사각형 찍찍이)를 사용하면 언제든지 모형변경이 가능함)

⑦ 사각라인 끝에 접착제를 이용해 골대를 세운다.

활동방법

① 놀이판을 안전한 위치에 놓는다.

② 색깔을 맞춰보고, 굴러가는 곡식의 이름을 알려준다.

③ 미로놀이판에 굴러가는 곡식을 이리 저리 흔드는 방법을 배운다.

④ 또래 또는 어머니가 서로 말하는 색깔에 맞는 골인지점으로 미로놀이판을 양옆으로 흔들어 곡식을 골인시킨다.

⑤ 곡식을 모두 넣었으면 몇 개의 곡식이 들어갔는지 수를 센다.

⑥ 미로를 통과해 골인했을 때의 느낌을 물어보고 사용한 도구를 정리한다.

실내놀이 8

데굴데굴 구르기

활동목표

- 사진자료를 통해 영아들이 구르기가 어떤 행동인가를 쉽게 알 수 있다.
- 또래 친구들의 구르기 활동 모습을 보고 구르기에 흥미를 갖게 한다.

준비물 영아들의 구르기 사진 / 펀치 / 코팅지 / 리본끈 / 고리 / 가위

제작방법

① 영아들의 구르기 사진자료를 뽑아 코팅한다.
② 코팅한 사진을 예쁘게 자른다.
③ 사진을 펀치를 이용하여 뚫은 다음 고리로 연결해 준다.
④ 리본을 이용하여 장식해 준다.

활동방법

① 사진자료를 통하여 영아에게 쉽게 구르기를 설명한다.
② 사진을 통해 본 또래 친구들의 구르기를 따라해보도록 한다.
③ 손을 들고 구르기도 하고 가슴에 모아서 구르기도 하는 등 여러 동작으로 굴러보도록 한다.

실외놀이 1

소리 전달하기

활동목표

- 소리가 전달된다는 것에 호기심을 가진다.
- 소리가 전달되는 현상을 비교, 실험해 본다.

준비물 여러 색깔의 종이컵 / 고무호스 / 큰 원통 / 한지 / 아크릴 상자

제작방법

① 큰 통을 한지로 싼다.
② 큰 통에 고무호스를 연결할 구멍을 뚫는다.
③ 같은 고무호스의 양 끝에 같은 색깔의 종이컵을 꽂는다.
④ 종이컵이 빠지지 않게 글루건으로 고정시킨다.
⑤ 원통이 쓰러지지 않게 아크릴 상자에 고정시킨다.

활동방법

① 두 명씩 짝을 지어 같은 색깔의 종이컵으로 소리 전달 놀이를 한다.
② 소리 전달통의 위쪽에 뚜껑을 닫았을 때와 열었을 때의 소리가 어떻게 다르게 전달되는지 비교해 본다.
③ 친구의 소리를 잘 듣기 위해서 어떻게 해야 하는지 이야기해 본다.
④ 친구와 작게 말할 때와 크게 말할 때를 비교해 본다.

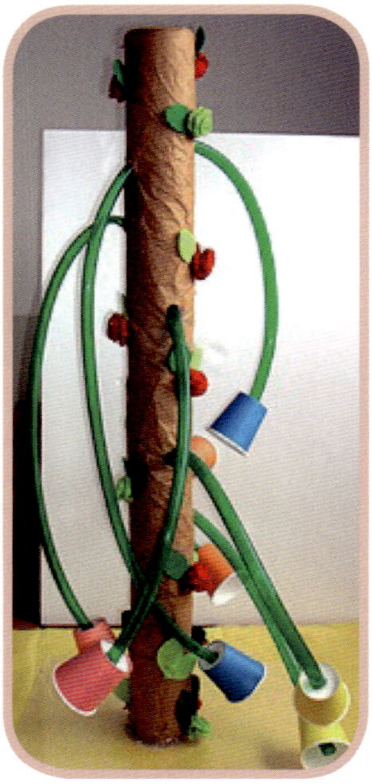

실외놀이 2

병뚜껑 블럭

활동목표

- 블록놀이를 통하여 창의력 발달을 돕는다.
- 손의 협응력을 기르고 소 · 대근육 발달에 도움을 준다.

준비물 부직포 / 하드보드지 / 펠트지 / 페트병 / 아크릴물감

제작방법

① 하드보드지로 정육면체 정사면체 원통형으로 자른다.
② 하드보드지로 도형을 만들고 거기에 맞는 크기의 부직포를 붙인다.
③ 붙인 부직포 모서리마다 바느질을 한다.
④ 바느질한 부직포 양면에 그림을 넣어준다.
⑤ 페트병의 병뚜껑과 병입구를 자른다.
⑥ 자른 병뚜껑과 병입구를 아크릴물감으로 칠한다.
⑦ 색칠한 병뚜껑과 병입구를 하나씩 다른 쪽에 붙인다.

활동방법

① 유아들이 블록을 가지고 논다.

실외놀이 3

회오리를 만들어요

활동목표

- 물의 회전하는 모습을 관찰하여 회오리의 원리를 알 수 있다.

준비물

페트병 2개 / 피복테이프 / 송곳 / 칼 / 물

제작방법

① 페트병 하나에는 물을 2/3 정도 채우고, 하나는 빈 채로 둔다.
② 페트병 뚜껑에 송곳으로 지름 1cm 정도의 구멍을 뚫는다.
③ 뚜껑 2개를 구멍이 일치하도록 맞댄 뒤, 물이 새지 않도록 피복테이프로 여러 번 감는다.
④ 뚜껑을 덮어 물이 든 병을 위로, 빈병을 아래로 가도록 놓는다.

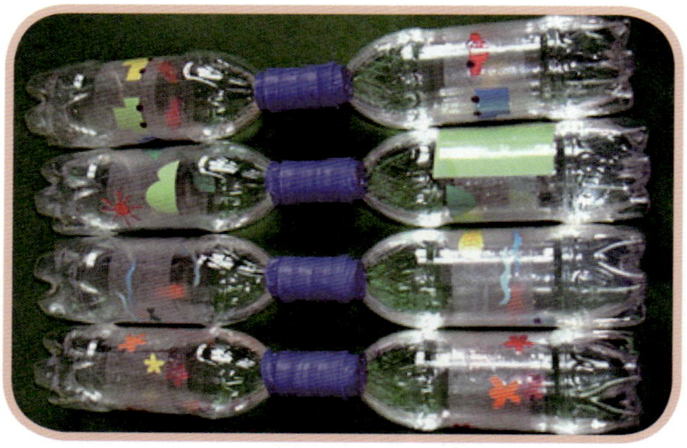

활동방법

① 페트병에 물이 들어가 있는 쪽을 위로 든다.
② 병을 한쪽 방향으로 돌린다.
③ 물이 들어 있는 쪽에 회오리가 생긴다. 물이 밑으로 내려오면서 회오리를 만들며 내려온다.

실외놀이 4

건강한 흙에 심어주세요

활동목표

- 손수건의 크기와 색, 모양을 영아가 관심을 가질 수 있도록 다양하게 만들어 자유롭고 즐겁게 손수건을 탐색할 수 있다.
- 손수건을 통해 다양한 감촉을 느껴본다.

준비물

색, 모양, 감촉이 다양한 손수건이나 천 / 빠른 리듬의 음악 / 펠트지(검정, 흰색, 빨강, 분홍) / 바늘 / 실 / 가위 / 본드

제작방법

① 색, 모양, 감촉이 다양한 손수건이나 천을 준비하여 다양한 크기로 적당하게 잘라준다.
② 자른 천의 테두리 부분은 천색에 맞는 실로 바느질해 준다.
③ 펠트지를 이용하여 눈과 입을 만들어 천에 붙여준다.

활동방법

① 손수건의 색과 모양을 탐색한다.
② 손수건의 촉감이 어떤지 표현하여 본다.
③ 영아가 선택한 손수건으로 음악에 맞춰 손수건을 흔들어 본다.

실외놀이 5

병뚜껑을 닫아요

활동목표

- 물체의 둘레를 측정해 본다.
- 물체를 비교해 본다.

준비물

게임판 / 병뚜껑 6~10개 / 삼각주사위 / 하드보드지 2개 / 종이테이프 / 여러 모양의 동물꽃 그림

제작방법

① 테두리에 붙일 하드보드지를 조그맣게 자른다.
② 다른 하드보드지 위에다 ①번을 자른 것을 붙인다.
③ 병뚜껑이랑 닫을 받침대에 두 가지 색으로 락카를 뿌린다.
④ 그림을 두 가지 뽑는다.
⑤ 뚜껑 위에 그림을 나누어 붙인 후 삼각주사위를 만든다. 다 만든 다음에 색테이프로 붙이고, 숫자를 붙인 다음에 시트지로 싼다.
⑦ 하드보드지 안에다 숲이나 하늘을 꾸민 후, 교구를 넣을 상자와 뚜껑을 넣을 상자를 만든다.

활동방법

① 순서를 정한다.

② 뚜껑을 6개씩 나누어 갖는다.

③ 삼각주사위를 던져 나온 수만큼 뚜껑을 닫는다.

④ '꽝'이 나오면 뚜껑을 닫을 수 없다.

⑤ 뚜껑을 먼저 다 닫으면 게임이 끝난다.

실외놀이 6

분리수거 차

활동목표

- 쓰레기를 바르게 분리수거할 수 있다.
- 소근육 발달을 도울 수 있다.

준비물

하드보드지 / 색지 / 우드락 / 초록 시트지 / 글루건 / 재활용 그림자료

제작방법

① 하드보드지를 18cm×48cm×6.5cm의 상자를 두 개 만들어 분리수거 차를 만들고 차 뒷부분을 세 칸으로 나누어 시트지로 꾸민다.

② 차 앞쪽 윗부분에 "분리수거 차"라고 붙이고, 뒤쪽 옆에는 플라스틱류, 알루미늄캔류, 유리병류 글자를 붙인다.

③ 재활용 쓰레기 그림을 코팅해서 우드락에 붙이고, 각 종류의 색지에 각각 같은 모양으로 그림자를 만들어 하드보드지로 만든 막대에 붙인 다음, 막대 재활용 그림을 넣을 상자를 만들고 재활용 쓰레기 그림을 넣을 상자를 만든다.

활동방법

① 순서를 정한다.

② 분리수거 차를 나누어 갖는다.

③ 같은 그림자카드를 찾아 자기의 차에 분리수거하여 담는다.

④ 쓰레기를 모두 담으면 게임이 끝난다.

참 고 문 헌

강문희 외(2002). **21세기 유아교육**. 서울: 학지사.

강문희 · 류진희 · 윤애희 · 이경희 · 정정옥(1999). **유아교육기관 운영관리**. 서울: 학지사.

강정임(1997). 유아의 실내 흥미영역 선호에 관한 연구. 순천향대학교 대학원 석사학위논문.

강혜숙 외(2009). **교재 · 교구의 이론과 실제**. 고양: 공동체.

교육부(1995). **유아발달에 적합한 유치원 실내교육환경**. 서울: 한국교육개발.

교육부(2000). **유치원 활동지도 자료**. 서울: 국정교과서 주식회사.

권대원(2012). **유아 교재 · 교구 연구 및 지도**. 파주: 양서원.

권영례 · 이영자(1997).**유아교육기관경영**. 서울: 한국방송통신대학교출판부.

권옥자 외(2004). **유아를 위한 교수 공학과 매체**. 서울: 형설출판사.

권옥자(1993). 유아의 흥미 영역 선호에 관한 연구. 중앙대학교 교육대학원 석사학위논문.

권옥자 · 유혜숙(1993). **유아교사를 위한 창의적인 교재 · 교구 활동집**. 서울: 다음세대.

김명리(1990). 유치원 수학 학습 자료의 활용현황에 관한 연구. 이화여자대학교 교육대학원 석사학위논문.

김숙이(2002). 몬테소리의 유아교육사상 : 유아교육원리와 교육방법에 대한 고찰 및 현대적 의의. **한국교육사학**, 제24권 제2호.

김숙희(2002). 제6차 유치원교육과정의 현장운영과 교사의 이해에 관한 질적 연구. 자유선택 활동 중심으로. 영남 대학교 교육대학원 석사학위논문.

김순임(2003). 유치원 교육활동지도 자료의 언어생활영역 관련 활동 분석. 경남대교육대학원 석사학위논문.

김연진 · 한성심 · 윤혜경 · 최진원 · 현미숙(2004). **보육학개론**. 서울: 동문사.

김영희(2016). **교재교구: 이론과 실제**. 파주: 양서원.

김옥련(1993). **유치원경영관리**. 서울: 교육과학사.

김유정 · 김정원(2011). **영유아 교육과정을 중심으로 한 교재 · 교구 연구 및 지도법**. 파주: 양서원.

김은심 · 유향선 · 최현정(2016). **영유아를 위한 교과교재 연구 및 지도법**. 서울: 창지사.

김정규 · 이광자 · 조정숙(2003). **교과교재연구 및 지도법**. 파주: 정민사.

김정규 · 이광자 · 조정숙 · 한애향(2014). **교과교재 연구 및 지도법**. 파주: 정민사.

김정미(2001). 보육시설 영아반 실내 · 외 환경 실태와 교사 인식에 관한 연구. 한남대학교 지역개발대학원 석사학위논문.
김정민(2014). 유아교육기관의 실외놀이 활성화를 위한 협력적 실행연구. 중앙대학교 대학원 석사학위논문.
김정숙(2012). 유아 수학교육의 효율적 운영을 위한 협력적 실행과정과 의미. 중앙대학교 교육대학원 박사학위논문.
김정원 · 김유정 · 박현미(2006). **영유아를 위한 교재 · 교구 연구 및 지도법**. 파주: 양서원.
김지혜(2011). 유치원 과학영역의 활성화를 위한 협력적 실행연구. 중앙대학교 교육대학원 박사학위논문.
김태련(1985). 놀잇감의 종류와 수가 유아의 행동에 미치는 영향. 이화여자대학교 교육대학원 석사학위논문.
김혜경(2010). **교구교재 연구 및 지도법**. 고양: 공동체.
김혜윤 · 김길숙(2016). **교재 · 교구 연구 및 지도법**. 서울: 창지사.
나귀옥 · 조성화(1998). 유아 수학교육에 교재 · 교구 보유와 활용 실태에 관한 조사 연구. **인문과학논총 5**, 145-172. 순천향대학교 인문사회과학연구소.
노희연(2002). 영아의 놀이행동 이해. 중앙대학교 대학원 석사학위논문.
문박자(1986). 유치원의 놀이감 활용도와 교육적 적절성에 관한 연구. 이화여자대학교 교육대학원 석사학위논문.
문연심(1990). 우리나라 유아교육기관의 흥미 영역 구성에 관한 연구. 강남대학교 논문집, 20, 229-250.
문희연(2003). 흥미 영역에 대한 유아의 선호 연구. 중앙대학교 교육대학원 석사학위논문.
박란규(2005). 연령별, 생활주제별, 흥미영역별 교재 · 교구의 실태 및 질적 수준에 관한 연구. 배재대학교 대학원 석사학위논문.
박정민 · 황환옥 · 박미경(2015). **영유아 교재교구의 제작과 활용**. 서울: 파란마음.
박지희(2010). 만 2세 영아반 역할놀이영역에서의 수학적 경험. 중앙대학교 대학원 석사학위논문.
박찬옥 · 구수연 · 이옥임(2009). **영아-교사 상호작용의 이론과 실제**. 서울: 정민사.
박찬옥 · 김영중 · 정남미 · 임경애(2002). **유아놀이 지도**. 서울: 학문사.
박찬화 · 권연희 · 나종혜 · 최목화. (2013). 관찰에 근거한 어린이집 영아반의 일과유형분류 및 일과유형별 영아의 놀이성과 교사 특성. **한국보육지원학회지, 9**(4).
박창옥(2001). 유아의 창의성과 물, 모래 놀이행동과의 관계. 배재대학교 대학원 석사학위논문.
방인옥 · 박찬옥 · 이기현 · 김은희(2012). **유아교육과정**. 파주: 정민사.
보건복지가족부(2009). **2009 보육사업안내**. 서울: 이문인쇄.
서향희(2014). **(누리과정을 중심으로 한)유아 교재 · 교구 연구의 이론과 실제**. 서울: 동문사.
시옥진 · 홍희주(2010). **(영유아를 위한)교재 · 교구 연구 및 지도법**. 파주: 양서원.
안성(1990). 유아교육기관의 놀이자료 실태 조사 연구. 원광대학교 교육대학원 석사학위논문.
엄정례 · 유향선(2005). **유아 교재 교구 연구 및 지도법**. 파주: 정민사.
여성가족부(2007). **연령별 보육프로그램 및 장애아 보육프로그램 운영 매뉴얼**. 서울: 육아정책개발센터.
오숙자 · 박은주 · 홍기영(2011). **생활주제를 반영한 교재 · 교구 제작 및 활용실제**. 서울: 동문사.
오연주 · 안은숙 · 김혜수 · 이은상 · 이경실 · 고영주 · 이명희(2003). **제작 과정중심의 교재 · 교구 이론과 실제**. 서울: 창지사.
오영희 · 송영란 · 강영식(2003). **최신 유아교육개론**. 서울: 도서출판 21세기사.
원영미(2000). 보육시설유형별 인적 · 물리적 보육환경의 차이에 대한 연구. **한국영유아보육학, 21**, 307-334.
유연화 · 임경애(2011). **영유아를 위한 교재 · 교구 연구**. 파주: 교문사.
유혜령(1998). 교수매체 환경과 유아의 경험 양식에 과한 현상학적 연구: 자유 선택 활동을 중심으로. **유아교육연구, 18**(1).
윤애희(2009). **유아교재교구 연구와 수업활동지도**. 서울: 파란마음.
윤애희 · 박정민(2009). **영유아교육 교수방법 및 교재교구**. 서울: 파란마음.
이대균 · 송정원(2002). **최신 유아교재 · 교구 연구 및 지도**. 파주: 양서원.
이도경(2012). **교재 · 교구 제작 및 연구법**. 대구: 태일사.
이숙재(2000). **개정 유아를 위한 놀이의 이론과 실제**. 서울: 창지사.
이희경(2002). **유아교수 · 학습방법**. 서울: 동문사.
임은숙(2004). **유치원 교육을 위한 창의적 교수매체**. 서울: 동문사.
임은숙(2010). **(유아교사를 위한)교과교재연구 및 지도법**. 서울: 태영출판사.
전남련 · 김재환 · 이미순(2004). **영유아보육개론**. 서울: 형설출판사.
전선영 · 유향선 · 김은심 · 문용은(2000). **교수매체의 이론과 실제**. 서울: 창지사.
정미옥(2001). 영아 보육시설의 운영 실태에 관한 연구. 서울특별시를 중심으로. 한림대학교 사회복지대학원 석사학위논문.
정연희(2014). **유아 교과교재 및 연구법**. 서울: 창지사.

조경희(1998). 실내 · 외 놀이 환경에 따른 유아의 놀이형태에 관한연구. 덕성여자대학교 대학원 석사학위논문.

조정숙(1998). 유치원 교육 자료에 관한 연구. 한국방송대학교 논문집, 26, 537-566.

차춘희 · 이수정 · 오정옥 · 손영환 · 박희숙(2003). **교재 · 교구 연구 및 지도법**. 서울: 창지사.

최일선 · 박해미 · 이진화(2009). **(영유아 교사를 위한)교재 교구 연구 및 지도법**. 서울: 교육아카데미.

한성희 · 임연진(2014). **영유아 교재교구 연구 및 지도**. 서울: 창지사.

황혜연(2000). 유치원 자유선택활동 시간에 교사의 흥미영역별 개입빈도 및 유형. 이화여자대학교 교육대학원 석사학위논문.

Bredekamp, S.(1987). *Developmentally Appropriate in Early Childhood programs Serving Children From Birth Through Age 8*. NAEYC; 강숙현(역) (1989), 발달적으로 적합한 유아교육의 실제. 광주: 전남대학교 출판부.

Campbell, S. D., & Frost, J. L.(1985). *The effects of playground type on the cognitive and social lay of grade two Children*. In J. L. Frost & S. Children's free-Play behavior and social problem solving skills Early childhood Research Quarterly. 3, 39-53.

Dale, E.(1969). *Audiovisual methods in teaching New York Holt*, Rmehart & Winston.

Day, B. E.(1983). *Early childhood education: A human ecological*. Glenview Illiniois: Scoft, Foresman.

Decker, C. A., & decker, J. R.(1984). *Planning and administering early childhood programs(3rd ed.)*. Columbus: Charles E. Merrill.

Dodge, M. K., & Frost, J. L.(1986). Children's dramatic play: Influence of thematic and nonthematic settings. *Childhood Education, 62*(3), 166-170.

Elicker.(1995). *Adult-child relationships in early childhood programs*, 51(1).

Erikson, E. H.(1950). *Childhood and society*. New York: Norton, Bacon.

Feldman.(1996). Revisioning the Curriculum: Institutional Responses to Women's Studies in Higher Education. *Asian Women, 3*(4).

Ferrance. E.(2000). Action research, Northeast and islands regional educational laboratory at Brown University.

Fortner Wood.(1997). Individual Differences in Two-year Olds Curiosity in the Assessment Setting and in the Grocery Store. *Journal of genetic psychology, 158*(4).

Frost J. L.(1973). *Revisiting Early Childhood Education*. New York: Holt.

Gopnik, Meltzoff, Kuhl(1999). *The Scientist in the crib: Minds, Brains, and how children learn.*

Hurd, H. B.(1965). *Teaching in the kindergarten*. Burgess Publishing Co.

Hurlock, E. B.(1978). *Child Development.* New York: Mcgraw Hill.

J. S. Bruner, A. Jolly, & K. Sylva(Eds.). *Play: It's role in development and evolution*. 537-554. New York: Penguin Book.

Kemmis & Mc Taggart.(1998). System and Lifeworld, and the Conditions of Learning in Late Modernity. *Curriculum studies, 6*(3).

Keyfitz N.(1994). Carnegie Task Force on Meeting the Needs of Young Children, Starting Points: Meeting the Needs of Our Younger Children. *Population and development review, 20*(3).

Mitchell L., Yell et al.(2009). *Evidence-based practices for educating students with emotional and behavioral disorders.* New Jersey: Upper Saddle River, N.J.: Merrill: Pearson, 2009.

NAEYC(1984). *Accreditation criteria and procedures of the National Academy of Early childhood Programs.* Washington, DC: NAEYC.

Perrett. G.(2003). Teacher development through action research: A case study in focused action. *Journal of Teacher Education. 27*(2), 1-10.

Phillips. D. A., McCartney. K., & Scarr. S.(1987) Child-care quality and children social development. *Developmental Psychology. 23*, 537-543.

Phyfe-Perkin, E.(1980). *Children's behavior in preschool settings, American Education Research*, In katz, L. G.(ed). Current Topics in Early Childhood Education, Vol Ⅳ. Noorwood. New Jersey: Alex Publishing Co.

Piaget, J.(1962). *Play, dreams and imitation in childhood.* New York: W. W. Norton.

Popper. K.(1999). *All life is problem solving*. NY: Routledge.

Quilitch. H., & Risley. Th.(1973). The effects of play materials on social play. *Journal of applied behavioral analysis. 6*, 573-578.

Robin, Helen. F.(1977). *Exporting in early child education*. Boston: Allyn & Bacon.

Sagor.(2011). *The action research guidebook: A four-stage process for educators and school teams*. California: Thousand Oaks, Calif, Corwin Press.

Seefeldt, C.(1980). *A curriculum for preschools*. Columbus, Ohio: Charles E. Merrill Publishing Company.

Smith, P. K., & Connolly, K. J.(1980). *The ecology of preschool behavior.* Cambridge

University Press.

Stone house. A. Schweiket. G., & Greenman, J.(2007) *Prime times*, 2nd(ed.). MN: Redleaf.

Sunderlin.(Eds). *When children play*. Washington, DC: Association for childhood Education International.

Thiel.(2010). Teachers'attitudes towards mathematics in early childhood education. *Eng: european early childhood education research journal*.

Vickers. M.(2005). Action research to improve the human condition: An insider–outsider and a multi–methodology design for actionable knowledge outcomes. *International Journal of Action Research. 1*(2), 190–218.

Vygotsky, L. S.(1976). *Play and it's role in the mental development of the child.*

Whitehead.(2007). *An introduction to mathematics*. Eng: Merchant Book.

Wordworth, B. J.(1989). *Piaget's theory of cognitive and affective development*. New York: Longman.

찾 아 보 기

저/자/소/개

■ **김운삼**

홍익대학교 대학원 교육학박사
현, 강동대학교 유아교육과 교수
〈저서〉 정신건강론(2016) 외 다수

■ **구서연**

원광대학교 대학원 교육학박사
현, 국제대학교 아동보육과 외래교수
〈저서〉 정신건강론(2016) 외 다수

■ **심성희**

호서대학교 대학원 철학박사
현, 국제대학교 유아교육과 교수
〈논문〉
음악적 개념에 기초한 유아음악활동 개발을 위한 탐색적 연구
예비유아교사의 책읽기 효능감과 읽기교수 효능감과의 관계
누리과정 교사용 지도서와 유아포털사이트에서 제시되는 음악활동분석

■ **이길동**

독일 루드비히 막시밀리안 뮌헨대학교 교육학박사 수료
현, 계명문화대학교 유아교육과 교수
계명유치원 원장
〈저서〉 유아교과교육론(2016) 외 다수

■ **이은희**

성신여자대학교 대학원 교육학박사
현, 대전보건대학교 유아교육과 교수
〈저서〉 보육실습의 이론 및 실제(2016), 아동생활지도(2017) 외 다수

■ **이치균**

현, 대경대학교 유아교육과 교수
〈저서〉 인성과 직업윤리 외 다수

■ **장석경**

건국대학교 대학원 교육학박사
현, 국제대학교 유아교육과 교수
〈저서〉 영유아언어지도(2016), 유아논리논술(2016) 외 다수

교과교재연구 및 지도법

1판 1쇄 인쇄 — 2017년 2월 25일
1판 1쇄 발행 — 2017년 2월 28일

저 자 - 김운삼 · 구서연 · 심성희 · 이길동 · 이은희 · 이치균 · 장석경

발 행 인 - 강 철 원
발 행 처 - 양 성 원
주 소 - 경기도 파주시 월롱산로 71
전 화 - 031-946-3861(代)
팩 스 - 031-946-3864
이 메 일 - tnwpub@naver.com
홈페이지 - tnwpub.co.kr
출판등록 - 2015년 8월 31일 제 2015-000211호

ISBN 979-11-6126-039-6

정가 17,000원